自分史のやさしいつくり方

いつかは出版してみたい人に贈る
自分史製作マニュアル

揺籃社

はじめに

本書の前身である『誰でも作れる自分史』の初版が発行されたのは1989年11月。それから27年の年月が経過しました。その間、パソコンやスマートフォン、iPadを代表とするタブレットなどが、世代を問わず急速に普及、浸透しています。この状況が、私たち印刷・出版業界に与えている影響は非常に大きいといえます。これまでの肉筆による手書き原稿から、デジタルデータによる入稿へと移行し、さらには自身で作成した完全データでネット通販の印刷会社を利用する方も増え、まちの印刷屋要らずの傾向にますます拍車がかかっています。

そもそも「印刷」とは、同じものを大量に製作するのが強みです。そのため、ひところまでは少品種・多ロットのオフセット印刷が主流でした。しかし現在では、印刷可能な用紙の選択肢が広がり、消費者ニーズの多様化による多品種・少ロットの印刷物が求められるようになってきています。さらには短納期への対応も求められ、現在ではデジタル化によるオンデマンド印刷がメインとなってきました。印刷資材が不要で、データからそのままプリントする印刷方式のため、初期費用を抑えられ、少部数の印刷物に有効です。比較的部数の少ない自費出版には最適といえます。「出版」分野では、紙媒体にとらわれない電子書籍の登場により、電子出版という形態が、出版不況といわれる業界において顕著な拡大を示しています。

本書では、そうした現状を踏まえた上で、アナログの感性とデジタルの利便性を上手に活用した本づくりを提案しています。また、イラストを多く用いて、初心者にも分かりやすく、親しみやすいレイアウトを心がけました。

自分史をはじめ、本づくりは大変な時間と労力を要する作業です。それだけに、苦労して完成した「自分の本」を手にしたときの喜びと感動は、とても大きいものです。

これから自分史づくりを検討されている方は、どのようにつくっていけばよいのか、また、品質、部数、納期、費用など、いろいろと分からずに不安な面もあろうかと思います。本書が、これから本を出版する方にとって、適切なアドバイザーとしての役割を果たすことができたなら嬉しく思います。

２０１６年11月

揺籃社編集部

もくじ

自分史を仕上げる……100

◎本書に使用している用紙
・カバー＝みやぎぬ絹　四六判130K（カラー印刷）
・表　紙＝里紙なのはな　四六判170K（特色印刷）
・見返し＝タントN－61　四六判100K（印刷なし）
・本　扉＝OKミューズコットンにゅうはく　四六判90K（特色印刷）
・本　文＝淡クリームキンマリ　A判43K（モノクロ印刷）

自分史とは？

書き残さずにはいられない思い

自分の生きてきた証ともいうべき「自分史」をこつこつと綴り、出版しようとしている人たちが増えている。

自分の生いたちから現在までを、その時どきの社会背景とダブらせながら綴るのが「自分史」の一般的なスタイルである。先祖のこと、親戚のことなどをつけ加えて「家の歴史」として出版している人もいる。これらは、編年体で書かれたオーソドックスな自分史といえる。

一方、一生の中で最大のヤマといえる部分だけに照準を当てて書き残している人もいる。このような人たちは、自分の体験を普遍化することで歴史の証言として後世に残そうとしているようだ。戦争体験記や、高度経済成長期における奮闘譚などは、その一例だろう。中には、自分の仕事の数日間の出来事を詳細に綴ったものや、子育ての思い出を子どもの成長を通じて編んだ内容もある。このように、自分史の裾野は広い。エッセイでも短歌でも、そこに〝自分〟が投影されていれば、広い意味で「自分史」と考えて差し支えない（図1）。

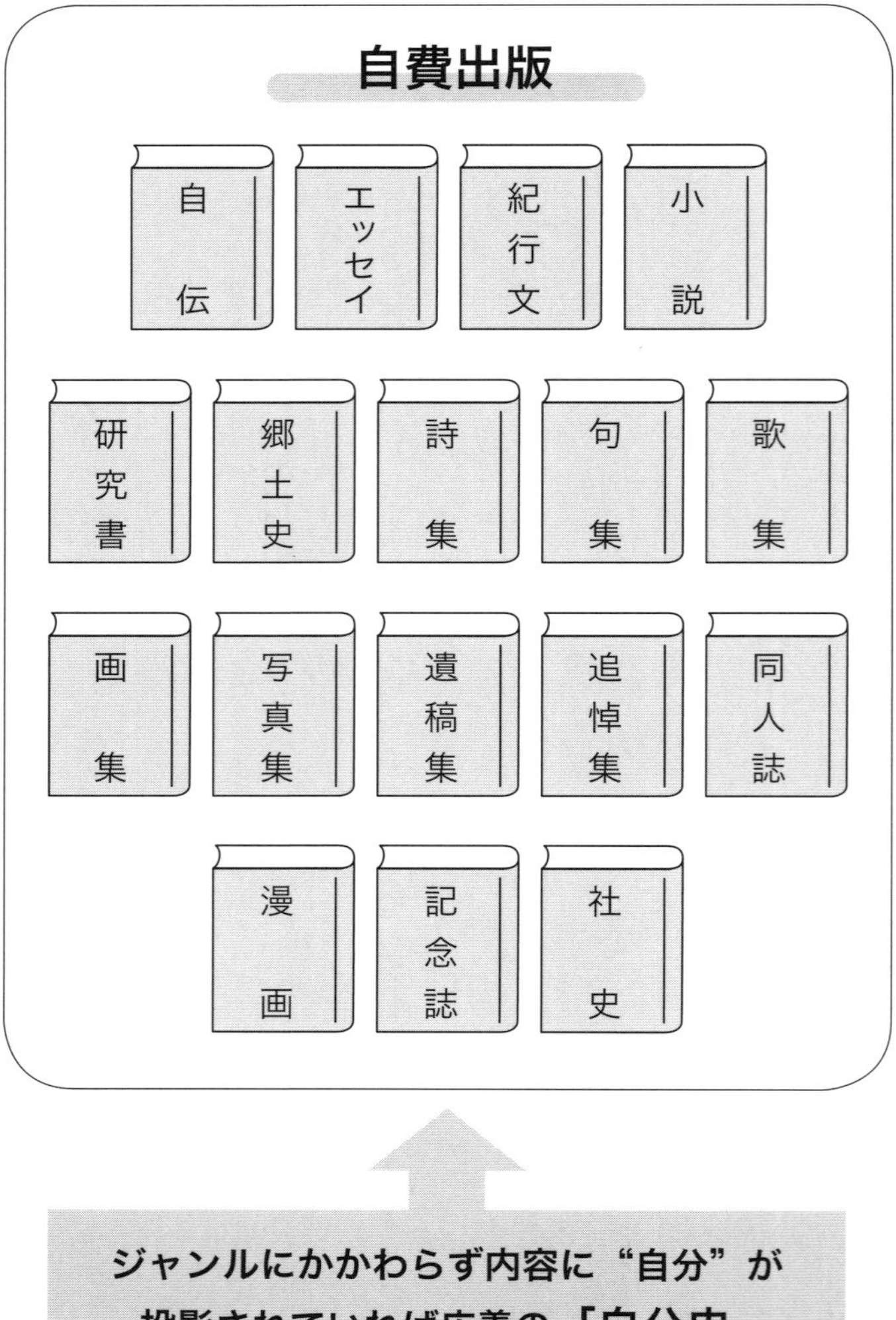

図1　自費出版と自分史の位置づけ

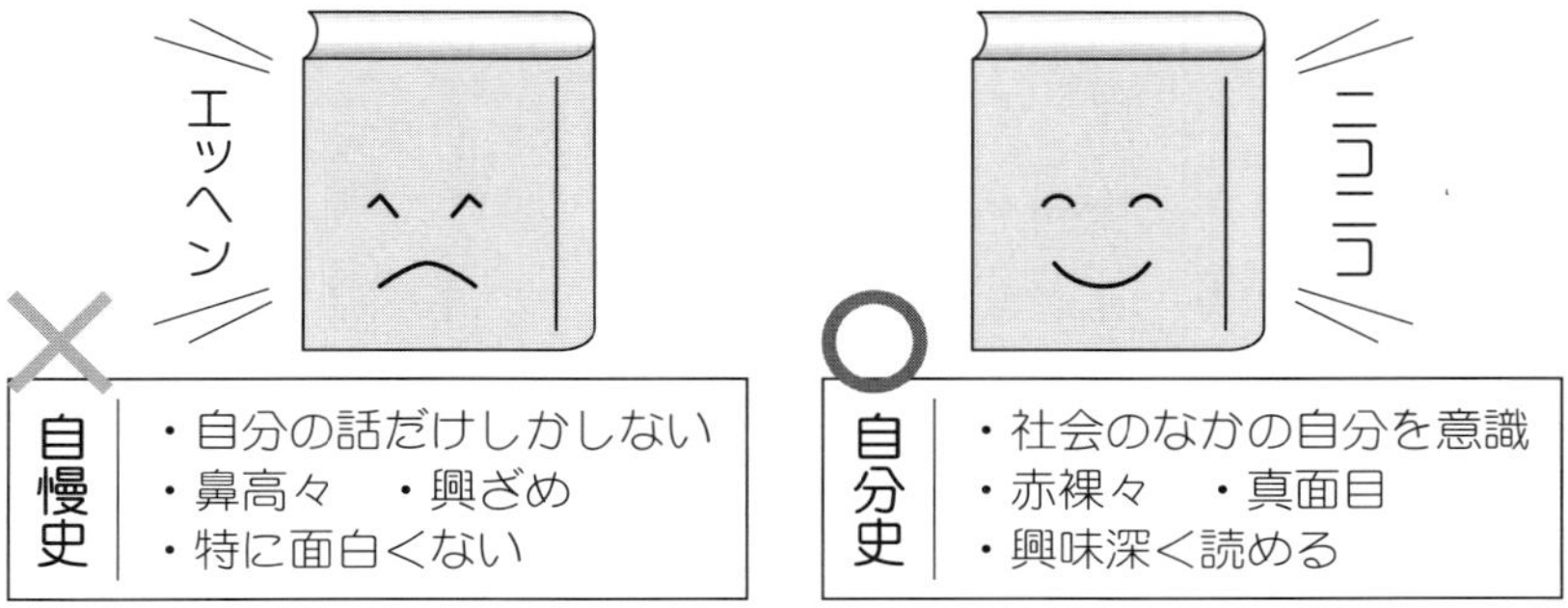

図2　自分史と自慢史

自分史はありのままの自分を記すもの。だから成功例ばかりでなく、危機や挫折、失敗、時には生死にかかわる出来事をも綴っていく。ある著者は、「文を書くことは、恥をかくこと」という箴言を教えてくれた。殊更に自分を貶めて書く必要はないが、功名ばかりの「自慢史」にならないように注意したいところだ（図2）。

書いているうちに、親戚や知り合いへの配慮から、筆が進まなくなるケースもある。いろんな雑音、雑念が聞こえてきて、途中で止めてしまう人も多い。ある著者は、「初めのうちは〝まあいいか〟の気持ちで、とにかく前へ書き進んでいく。一通り書き終えてからじっくり推敲を重ねていくとよい」と、原稿書きの秘訣をご教示くださった。また、一人では挫折してしまいそうな人は、各地にある自分史グループやエッセイサークルなどに加入してお互い励まし合い、研鑽し合いながら書き溜めていくのも一つの方法である。

自分史の一大テーマに、〝戦争〟という忘れられない体験がある。体験者の多くが鬼籍に入ってはいるが、それゆえに戦争体験記の貴重さは増している。空襲を受けて命からがら逃げ延びた幼いころの記憶、自らが加害者となった悔恨の情を切々と綴った告白、遠い異国の地で失った肉親の足跡を求めて戦後にかの地を訪ね歩いた記録もある。そこには一様に、自分の子孫も含めた未来を担う人たちに、戦争の悲惨さを自らの言葉で伝え、同じ愚を繰り返してほしくないという強い意志が感じられる。

平凡な日常生活の中で営まれてきた人々の暮らしぶりをまとめることも、目まぐるしい変遷を繰り返す現代の中にあって貴重な記録となる。それらは地域的な特徴を明確に映し出す。風習しかり、言葉しかり、仕事しかり、料理しかり。何気ない日常の中にこそ、人間の真実がきらりと光る瞬間がある。それらを紙上につなぎとめ、人類の歴史に刻みこむのも、自分史の立派な役割である。

かつて、フランクリン・ルーズベルトは、ナチス・ドイツの書籍焼却の暴挙に対して、「本とは燃えるものだ。しかし、よく考えれば、本は火によっても滅びないものだ。人は死ぬ。しかし本は死なない。どんな力も、人類の記録を滅ぼすことはできない」と語ったという。どんなジャンルの出版物にも、執筆者の生きた証が記されている。

とはいえ、人類の記録などと大上段に構えず、まずは気軽にペンを執っていただけたらと思う。本を著すと自己の再発見につながり、新たな出会いが生まれ、次なる飛躍につながっていく。そうした体験を含めて、自分史を丸ごと楽しんでもらいたい（図３）。

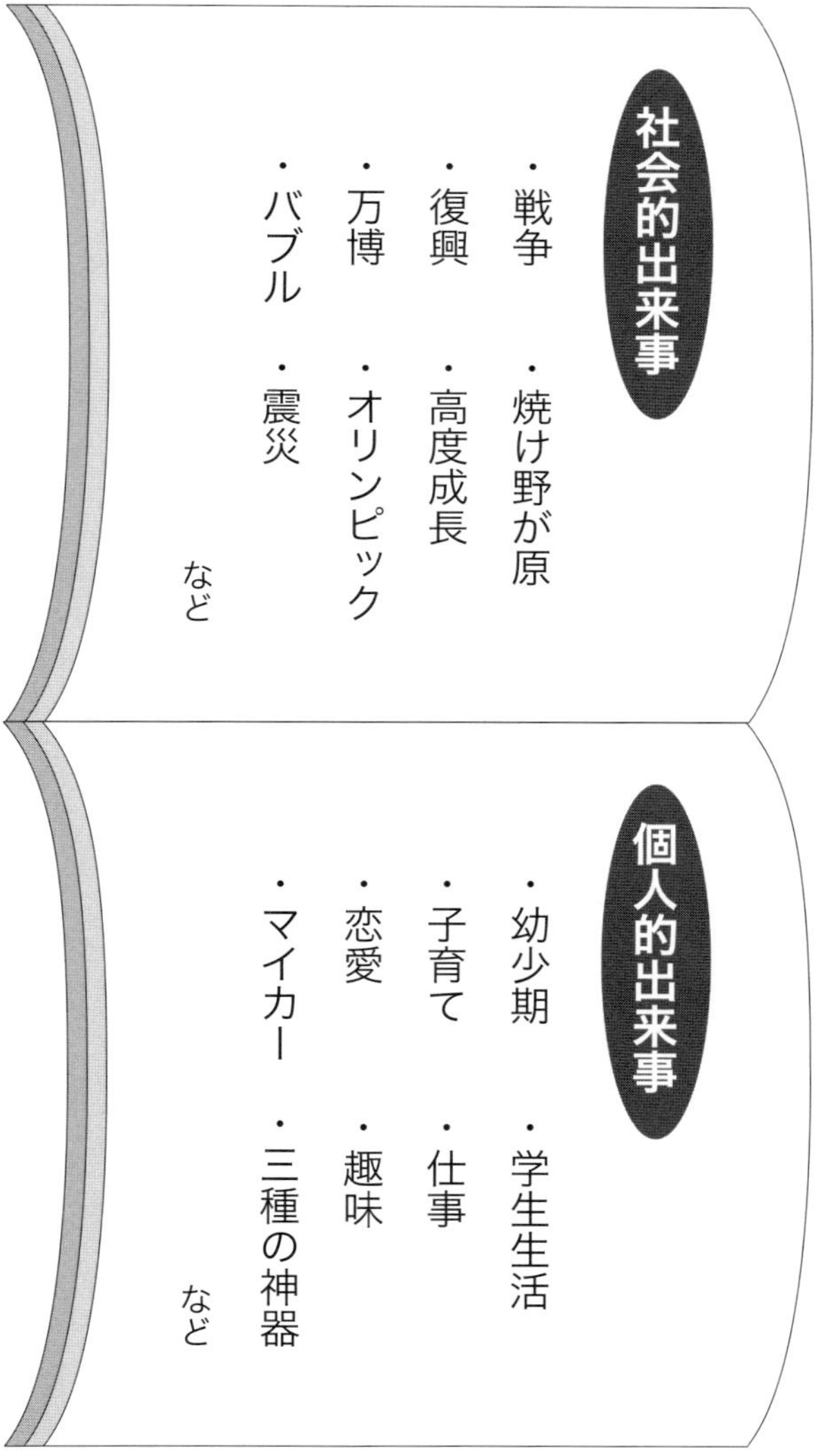

※巻末付録「自分史書き込み式年表」参照のこと

図３　社会的出来事と個人的出来事

自費出版について

自分史は自費出版の一ジャンルである。一口に自費出版といっても定義はさまざまであるが、ここでは自分で原稿を書き、その内容に自ら責任をもって、自費で出版する本ととらえることとする。自費ではなく、印刷や流通にかかるコストを出版社側が負うものを、企画出版とか商業出版と称する。書店で見かける本はほとんどが商業出版だ。ただ、中には自費出版本が書店に置かれているケースもある。最近の出版不況で出版社が費用を出し渋る傾向にあるため、店頭に並ぶ自費出版本は増えている。両者の境目は曖昧で、見た目から判断するのは難しい。

ひとついえるのは、自費出版だから商業出版より劣ると考える必要は全くないということ。初期費用を抑え、本の売り上げで元を取りたいと考えるのであれば、どうにかして商業出版してくれる出版社を探し歩かねばなるまい。たとえ出版してくれるところが見つかったとしても、売るために原稿を大幅に書き換えさせられたり、装幀も好きなように選べなかったりと、不本意な形での出版を余儀なくされるケースが多い。その点、自費出版は自分の思いの丈をすべて出し切って本にできる。もちろん、本を出すには一定のセオリーがあるので、編集者のアドバイスに耳を傾けた方がよい場面もあるが、基本的には〝自分の本を出したい〟という気持ちを、そのまま叶えていくのが自費出版だといえよう（図４）。

マイナス面 	プラス面 	
・思い通りの本が出せるとは限らない ・自由度が低い	・費用は出版社持ち ・印税が入る	**商業出版**
・自分で費用を出す ・売って元を取るのは至難の業	・思い通りの本が出せる ・自由度が高い	**自費出版**

図４　商業出版と自費出版

出版という行為そのものは、人間の自己表現へのあこがれとして、粘土に絵文字を刻む、あるいは板や竹に彫るという形で印刷以前からおこなわれていた。印刷が現在のように普及しておらず、文字も知らないころの庶民は、柳田国男のいう「口承文芸」によって文化を紡いでいた。人間が本来抱いている、自己を表現したい、伝えたい、残しておきたいという願望を端的に具現化できるのが出版の強みである。ただ、それは長い間、権力者や宗教家、あるいは一部の恵まれた人たちだけに可能な特権行為であった。

ようやく庶民が自由に出版できるようになったのは、ここ半世紀くらいである。教育の普及と表現の自由が保障されたこと、印刷技術を中心とするメディアの発達などに主な要因がある。また、かつては編集の引き受け手が大手出版社だけに限られていたが、いまでは編集専門のプロダクションや、自費出版を得意とする印刷会社系の出版社が出てきて、それぞれ専門のスタッフが原稿整理から編集・装幀まで相談に応じてくれるというように、間口が大幅に広がった。

加えてIT分野では日進月歩の発展が続いており、その気になれば原稿作りから編集・印刷・製本までを全て自分一人で終わらせてしまうことも可能である。そうして製作したデータを、印刷をせずに電子書籍として発表する方もいれば、アマゾンなどの大手サイトが提

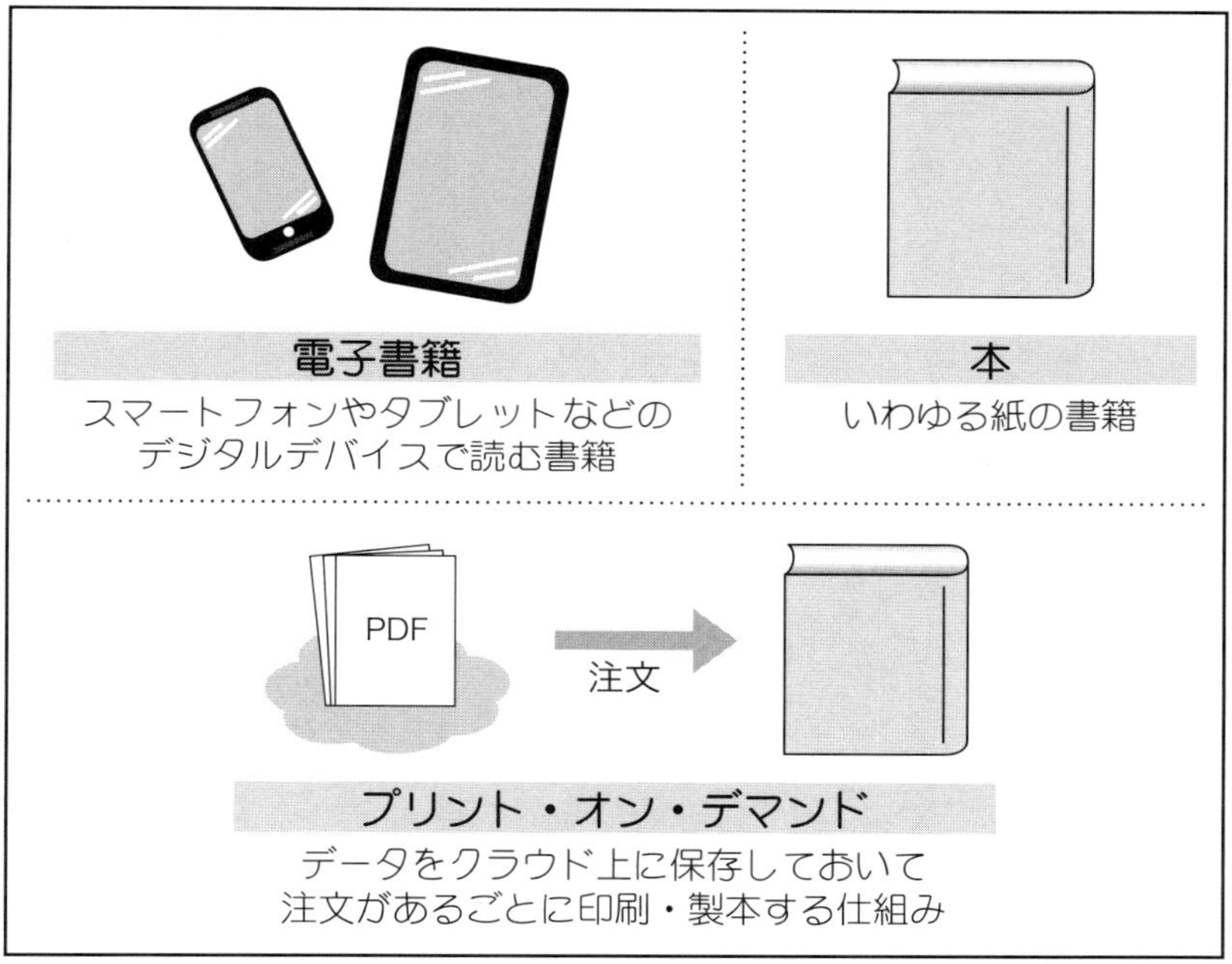

図５　さまざまな自費出版スタイル

供するプリント・オン・デマンド方式を活用し、データだけをアップロードしておく著者もいる（図5）。

上記のように、自費出版は人類の知的創造を形にできる良質のメディアとして各方面に普及している。これからも多くの人が享受していくだろう。とりわけ「自分史」は、誰もが持っている自らの歴史を記すものだから、どんな人でもつくれるとっつきやすさがある。

本書では、そんな自分史のつくり方について詳しく記していく。

『八王子の空を見つめて』

原嶋宏昌さん

六十年間、携わってきた仕事を離れ、これまでに体験したことのない、全く別の生活をすることになった。仕事を離れ、いままでの人生をふり返ってみる余裕ができた。

八王子市立第四中学校では、三十四年間という、現在ではとても考えられない長期間の勤務をさせていただくことができた。その間に、発足間もない中学校の教育活動として気象部を設立。のちにその実績が認められて気象庁の八王子観測所に昇格し、現在は気象庁アメダス気象観測所となり、天気予報に八王子の地名が出てくるほどになっている。また、八王子市に自前の天気相談所が設立される元にもなった。

一方、女子バレーボール部の練習に夢中で取り組み、東京都中学校大会で十回の優勝を勝ち取ったり、教え子からオリンピック選手が生まれるなど、バレーボールの名門校に育てることができた。

私がどのように生きてきたのかを、子や孫、あるいは知人たちに書き残しておきたいと思い、自分史を書いてみることにした。自慢史になってはならないと、常に頭に置きながら原稿を書いた。胸をときめかせながら受け取った自著を開いて、ようやく落ち着いた。何ともいえない達成感と嬉しさであった。

（『揺れながら、清く』より抜粋）

『ピースボートで航《い》く　地球一周夢紀行』

あまはねきこさん

50代に突入し、少々疲れを覚えながらも教職に従事していたころ、新聞で「ピースボート　地球一周の船旅」の広告が目に飛び込んできた。「いいなぁ、のんびりと船で地球を一周するなんて――。退職したら、私もこの船に乗りたいな」と、憧れた。退職1年後の2004年末にその夢が実現し、第44回クルーズに乗船した。

下船後、人の旅の思い出などつまらないだろうと紀行記を綴る気持ちはなかった。でも私がときどきエッセイを書いている人間だと知っている数名から、「私たちは到底乗船できないから、巡ってきた国々や船内生活の様子などを書いた本を出してね」と要望された。

それで取り掛かることにしたが、よくありがちな、日程を追って個人的な行動を羅列していくような紀行記は避け、読んでいるとまるで一緒に船旅をしているような気分にひたれる内容にしようと心がけて綴った。それが『ピースボートで航《い》く地球一周夢紀行』である。

約100日間の船旅に参加して、見聞・体験・感動し、学んだことすべてを軽快・簡潔なタッチで綴ってみた。読みやすく楽しい紀行記であると自負している。

（「はちとぴ6号」より抜粋）

自分史を準備する

自分史製作の流れ

さて、実際に自分史づくりに入る前に、まずは作業工程を理解しておこう。つくりたい本によって工程は前後したり、あるいは飛ばしたりするが、大体は次頁の図6のような流れになる。

①企画

何かを始めるには動機がある。お腹が空いたからご飯を食べる、面白そうだから映画を観る、痩せたいからダイエットする……。自分史を出したいと思うとき、「○○だから」の○○部分に入る動機は何だろうか。

・子どもたちに自分の歩いてきた道を知ってもらいたいから
・文章を書くのが好きだから

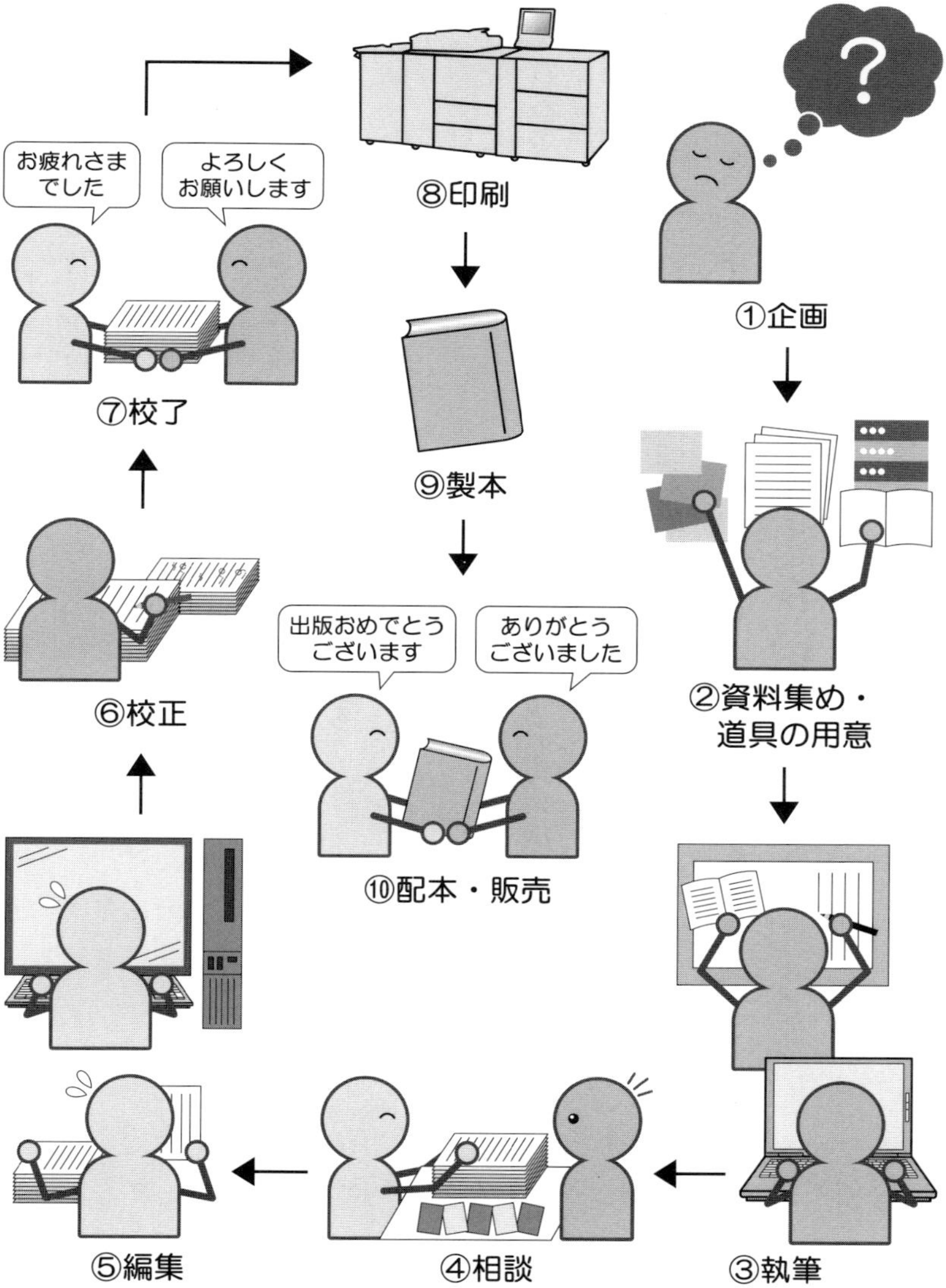

図６　自分史ができるまで

・たくさんの人たちに伝えたい思いがあるから
・自分の人生に誇りを持っているから
・国会図書館や地元の図書館に自分の本を納本したいから
・社会的な記録、人類の財産として残したいから
・増えてきた趣味の作品をまとめたいから
・一周忌までに親の記録を編んで配布したいから
・友人が著作を送ってきてくれて刺激されたから

これらの理由は重複する場合もあるだろう。自分史に取り組む動機がはっきりしていると、その後の作業が明確になってくる。ここを商品開発における企画段階だと捉えて、企画書をつくるつもりで自分との対話を繰り返すとよい。書店や図書館で、想定するイメージに合った本を買うなり借りるなりして、最終的な出版形態を意識しておくのもお勧めだ。

その結果を分かる範囲で次の企画書にまとめたい（図7）。

私の自分史企画書

年　　月　　日

●タイトル

●どうしてつくるか？（出版理由・動機）

●誰に読んでもらいたいか？（読者対象）

●いつまでにつくりたいか？（出版時期）

年　　月　　日

●ジャンルは？

●見本としたい本

図７　私の自分史企画書

②資料集め・道具の用意

企画がある程度固まったら、それに沿った資料の収集が求められる。なかには、記憶だけを頼りに執筆できる方もいるが、相当の記憶力と、それを文字に変換していく筆力がないと無理だろう。自分史はフィクションではないので、記憶を記録で補強する必要がどうしても出てくる。また、資料を集めるうちに、思いがけない記憶がよみがえってきたり、覚え間違いをしていたと気づかされたり、あるいはさらなる取材が必要になってきたりもする（図8）。

特に取材は、自分史製作の醍醐味ともいえる。かつて住んでいた懐かしい故郷を歩いて、当時のご近所さんや友だちを訪ね、思い出話に花を咲かせながら記録を集めていく。その土地の歴史を調べてみるのも一興だろう。郷土資料館で配られているパンフレットや図書館のレファレンスも有用である。当時は目もくれなかった故郷の奥深さに気づかされるはずだ。

資料集めと同時に、実際に自分史を執筆していく際に便利な道具も用意していきたい。ペンや原稿はもちろん、それに付随してこまごまとしたものが入り用になってくる。あるもので間に合わせられる方はそれでよい。形から入る人は、道具を用意すると、「さあて、これからが本番だ」という意識になるだろう。揃えた段階で一仕事終えた気になってしまわないように気をつけたいところではあるが……（図9）。

- □学校の文集
- □通知表
- □履歴書
- □各種権利書
- □過去帳
- □各種証明書
- □日記
- □母子手帳
- □家計簿
- □書簡、手紙
- □仕事の日報
- □ＳＮＳの書き込み
- □メール
- □写真アルバム
- □デジタルカメラのデータ
- □親類の自分史
- □当時を知る人物の証言
- □郷土資料館のパンフレット

※可能な範囲でＯＫ

図８　集めたい資料

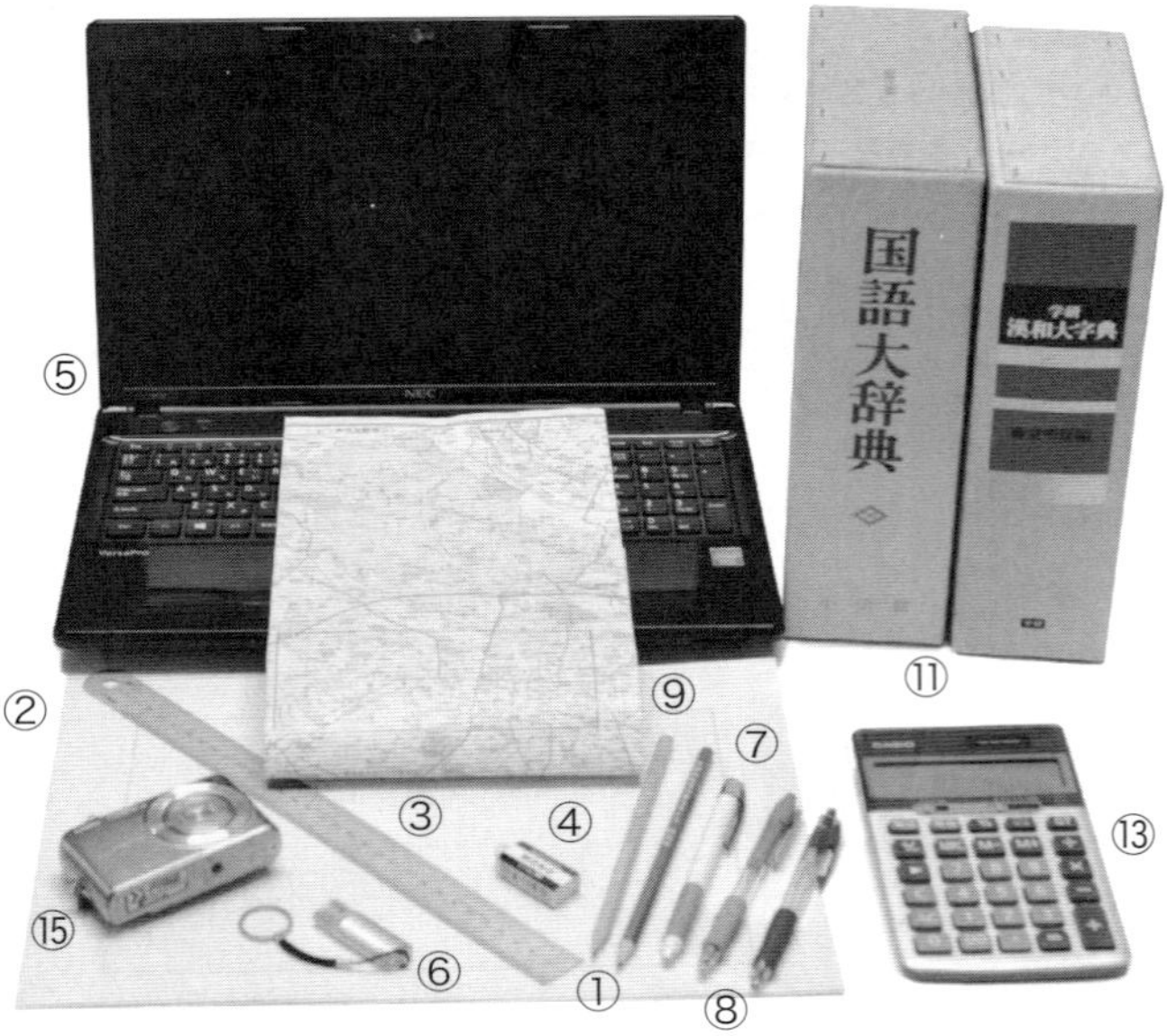

□①鉛筆
□②原稿用紙か
　ルーズリーフ
□③定規
□④消しゴム
□⑤パソコン
□⑥ＵＳＢメモリ
□⑦ボールペン
□⑧赤ペン、青ペン
□⑨地図
□⑩古地図
□⑪辞書
　（国語、漢和など）
□⑫歴史年表
□⑬計算機
□⑭和暦西暦早見表
□⑮デジタルカメラ
□⑯メモ帳
□⑰本書　　　など

※可能な範囲でＯＫ

図９　自分史関連の道具類

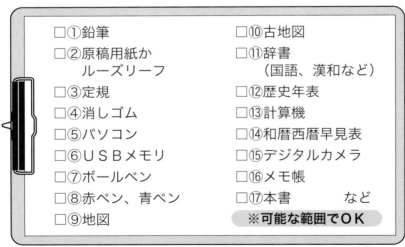

コラム　【ふだん記】

「ふだん記」運動は、故橋本義夫氏（１９８５年没）の提唱によって、１９６８年に八王子市で始まりました。橋本さんは「下手に書きなさい」と、まず文章を書くことをすすめ、「上手本位の競争をしないで、人生の報告書を一冊残すこと。美文名文などより、自分の生きてきた事実をありのままに記録すること」を説きました。そして、この運動が拡がって庶民自身の歴史が市民権を得ることで、人類史上かつてなかった新しい文化が芽生えると考えていました。この主張は、職業や地位、男女の差をこえて広く庶民に受け入れられました。読む側・受け取る側にいた人々が、書く側・つくる側にまわり、自己表現の可能性にめざめたのです。

　ふだん記は現在も「独立するが孤立しない」をモットーに、各地にグループがあり、それぞれ機関誌を出しながら交流し合っています。原則として、会則も会費もないこのグループの会員の条件は、文を書くこと、文友と呼ばれる仲間と手紙を出し合って交流をすること、です。一人で書いているより大勢の人と交流しながら書いて、ある程度書きためた文章を編集しなおして一冊の自分史として出版しています。「新人優先」もこのグループの特徴です。詳しくお知りになりたい方はご遠慮なくお知らせください。

企画書と、ある程度の資料、道具が揃ったら、いざ執筆である。執筆にもいくつかのスタイルがある。

③執筆

原稿用紙に向かいながら、一文字一文字を吟味して綴っていく方もいれば、とにかく思いついたところからパソコンに入力し、あとでつぎはぎしていく方もいる。文章を書くことそのものが苦手な場合は、レコーダーに声で吹き込み、あとで聞き直しながらまとめていく方法がある。原稿を書く暇がないのであれば、時間の空いた時にライターに来てもらって、取材形式で原稿をつくっていくサービスもある（図10）。

自身が取り組みやすいと思う方法を採用すればよいが、お勧めはパソコンでの入力だ。原稿用紙だと、文章を書き加えたいときに余白に書き込まねばならず、ごちゃごちゃになりやすい。また、あとでパソコンに入力するための入力代金がかかる。音声はどこで何を語った

パソコン	手書き
現在のメインストリーム。文字の挿入や書き直しが簡単で調べ物も得意	原稿用紙やルーズリーフに綴っていく昔ながらのやり方。いまは減少傾向
聞き書き	**音声記録**
雑誌の取材のような形式で、ライフヒストリーをライターに対して語る	ＩＣレコーダーに声を吹き込む。文字起こししてくれるサービスもある

※ちなみに当社はいずれのスタイルにも対応可能

図10　執筆方法

かを把握しておく必要があり、かなりの困難を伴う。いずれにせよテキスト化しなければならないから、手書き原稿と同じでお金がかかる。聞き書きは取材者の時間をかなり拘束するから、手書き以上に費用がかさむ。パソコンならば、空いた時間に自由に入力できるし、挿入や書き直しも簡単、そのうえ原稿が書き上がった後も、そのままデータとして出版社に持ち込める。ソフトをうまく使えば、ＤＴＰデータとしての入稿も可能。調べ物をするのにも、インターネットやメールが大いに役立つ。自分史執筆を機に、パソコンの使い方を学ぶのも一案だろう。

それではあとはご自由にお書きください……といわれても、戸惑ってしまう方が多いだろう。そこで、以下に質問事項を用意した（図11）。一問一答で答える履歴書のようなものである。自分の書きたい部分だけ、思いつくままに書き込んでみよう。不必要な部分は飛ばし、たくさん書きたいところはどんどん増やして構わない。質問項目自体を自分で追加してもよい。そして筆が進むようになったらさらに詳しく書き加え、これを何回も繰り返していく。

図11　自分史用履歴書　　　記入日　　年　　月　　日

ふりがな	写　真
名　前	
生年月日　　年　　月　　日（満　　歳）	
電話番号	携帯番号
現住所	
Eメール	

Ⅰ　生いたち

どこで（自宅、病院など）生まれたか	何人兄弟の何番目	名前の由来は	生まれたころの家業は	家に伝わるエピソードや屋号	

Ⅰ　生いたち		Ⅱ　故　　郷		
家系を整理すると	その他	故郷はどこ	地域の産業・文化・風土の特徴は	そのころの生活様式は

II　故　郷		III　親・兄弟・祖父母などの思い出		
祭りや風習、風俗、行事など	その他	両親の思い出	兄弟姉妹、祖父母の思い出	親戚などで特に思い出に残る人

III　親・兄弟・祖父母などの思い出

肉親の死など、心に残る出来事	その他

IV　子どものころ

小さい時の病気やケガ	どんな性格の子どもだったか	遊びや友だちのエピソード

Ⅳ　子どものころ

成長過程での、家庭や社会環境の変化（引っ越し、入院、天災など）

その他

Ⅴ　学校生活（幼・小・中・高時代）

入園、入学時期に印象に残っていること（当日の服装、そろえてもらった学用品、父母の様子など）

通学の思い出

Ⅴ　学校生活（幼・小・中・高時代）

友だちとの遊びや、いたずらで叱られたことなど	印象に残っている先生	忘れられない友だち	学校の行事（運動会や遠足、修学旅行、文化祭など）	どんな夢をもっていたか

Ⅴ　学校生活（幼・小・中・高時代）

淡い初恋の思い出	
クラブ活動（先輩や監督の先生、交流試合、発表会など）	
得意科目、不得手な教科、先生のエピソードなど	
受験勉強の思い出	
その他	

Ⅵ　青春時代

将来の夢は	希望の進路に進めたか（就職、大学、家業、奉公など）	故郷を離れた思い出	夢と現実	友人との出会い、人間関係や悔しかったこと、悲しかったこと

Ⅵ　青春時代

サークル活動、同人誌、組合活動、政治活動など	味わった挫折感、どのように乗り越えたか	心に残る青春の思い出	旅や、恋愛などの思い出	その他

Ⅶ 仕　事

会社や仕事上での思い出（成功例や失敗談など）

初月給、ボーナスなどにまつわるエピソード

印象に残っている上司や友人のこと

転職（理由や仕事内容）

仕事と社会情勢や得意先などとの関係

Ⅶ　仕　事

仕事を通して自分にプラスになったと思うこと

仕事上の信念は

勤務先や事業が倒産の憂き目にあった（理由やその後）

家業を継いで（継続発展の苦労話）

創業、起業の経験とその道のり

Ⅷ　結　　婚

その他	恋愛、見合いなどの思い出	結婚に至るまでのエピソード、当時の心境など	結婚式の様子（社会背景など含めて）	新婚旅行の思い出（行けなかった理由など）

Ⅷ　結　　婚

新居、新婚生活は

両親と同居した当時の思い出

夫婦げんかのエピソード

離婚、再婚

その他

IX　家庭生活

子どもの誕生（命名のエピソードなど）
子どもの病気やケガ
しつけや教育方針（当時の教育制度なども含めて）
育児中の悩み（特に女性は仕事との両立など）
いじめ、登校拒否など

IX　家庭生活

新築、転居	転勤や赴任などに伴う生活環境の変化（知人、友人との思い出なども）	子どもの進学、就職、結婚、孫の誕生	家庭生活、文化の変遷など	その他

X　戦争体験

当時の年齢	戦前の世相　暮らしの様子	戦争とどのように関わったか（空襲、出征、転戦、捕虜、引き揚げなど）	銃後の生活（空襲、防空演習、物資の不足、疎開など）	戦争によって受けた影響

Ⅹ　戦争体験

戦争によって失った人、心、物	敗戦はどんな状況で迎えたか	戦後の思い出や復興への関わり、価値観、人生観の変化	戦争体験者へのヒアリング	その他

XI　人生をふり返って

ライフワーク	生活環境の変化（病気なども含め）を、どう乗りきってきたか	人生にとってプラスになったと思われることの数々	強い影響を受けた人々との出会いと交流	旅の思い出

XI　人生をふり返って

これからの夢	今の世相への所感	その他

自分史用履歴書活用法

自分史を書くのに何から始めるかなどの定まった順序はない。まずは記憶をよみがえらせるための糸口をつかむことが大切である。前項の質問に答えながら、歩んできた道のりを振り返るうちに、一生の山場ともなる出来事が鮮明に浮かんでくるかもしれない。初めから書きたいテーマの決まっている人は、思い出せるところから書きとめていくとよい。

企画書には、誰に読ませたいか？　が書いてあるはず。その人に向かって、話して聞かせる気持ちで書くと、文章が平易になって読みやすくなる。内容の的も絞れてくるので、いままで書いてきた原稿でも、主題から外れるものは切り捨てていく勇気が必要だ。本当に自分が残しておきたい事柄に重点を置き、詳しく肉づけしたい。自分史といっても、自身に起きたすべての事柄を書くのは不可能である。むしろ、これだけは書いておきたいという項目を見つけて文章に肉づけをしていく方が、書いた人の意志が読者によく伝わる。

おおまかに書いた履歴を取捨選択して、さらに書き進んでみる。書き込んでいくうちに、地域の歴史や文化、当時の世相、国内や世界の動きまで、関連する事柄を調べる必要が出てくる場合もあろう。そうしたときは、あせらずに、用意してある年表や地図帳を調べてみる。インターネットも有効だ。ただし、ネットの情報は誤記や誤謬が多いので、調査後に専門書で傍証するなど、二重三重に確認したい。

ある程度書き上げたところで、文章を整理してみる。まず大見出しをつくろう。例えば「生い立ち」「青春期」といった風に。これを「一章、二章」というようにしてもよい。大見出しをさらにいくつかのまとまりに分けて中見出しをつくる。それをさらに細かく分けて小見出しとする。大体の見出しができたら、順番を整理して目次をつくってみる。目次には、年代順に分けたものや、出来事別に分けたものなどあるが、要は、自分の書こうとする本が分かりやすく整理されていればよい。目次ができれば、原稿づくりの峠は越えたといえよう。

分かりやすい文章を書くために

「自分史」を出版するということは、一つには自分自身のためであるが、人に読んでもらう目的の方が強いので、分かりやすい文章を心がけよう。それには、前にも述べたように、誰に読んでもらうかを想定して、その人に語りかける気持ちで書くとよい。そして、上手に書こうなどとしないで、事実をありのままに文にするようにしたい。

◆**文（センテンス）**

文（センテンス）とは、「。」（句点）で区切られたまとまりをいう。文章は、文の集合で構成される。したがって、分かりやすい文章とは、一つひとつの文がしっかりしていることから始まる。

・さくらの花が　美しい。
　主語　　　　　述語

この文のように「なにが、どうなんだ」の関係を主語と述語の関係という。「さくらの花」が主語、「美しい」が述語。この主語と述語の関係が文の基本となる。ここに修飾語が加わることで、文は肉づけされていく。

・さくらの花が　満開で　美しい。
　主語　　　　　修飾語　述語

この場合「満開で」が修飾語である。修飾語とは、あとに続く文節の意味を詳しく定める語をいう。実際に文を書いていく上では、修飾語が重要なポイントとなってくる。基本的には、センテンスは短いほど分かりやすい。だからといって、主語と述語だけの文章が続くと単調になってしまう。一方で、修飾語を多く取り入れれば文がよくなるかというと、そういうわけでもない。

◆修飾語

以下の一文を見てほしい。同じ修飾語を使っても、並べる順序によって読みやすさに差が出る例だ。

A　カサをさして、速く立ちどまらずに歩く。

B　カサをさして、立ちどまらずに速く歩く。

どちらの文が分かりやすいだろうか。「速く」と「立ちどまらずに」は「歩く」を修飾しているのに、Aの場合「速く」が「立ちどまらずに」を修飾しているようにもとれる。長い修飾語を前に、短い修飾語は後に置くとよいことに気がつくはずである。修飾語をメリハリよく使って、Aのような、間違ってはいないけど、どこか読みづらい文章を避けるように工夫しよう。

一つのセンテンスの中にいろいろなことを書き込まないようにするのも大切である。一文中にいろいろな事柄をごちゃごちゃに書いてしまうと、読者は頭の整理ができなくなってしまい、その時点で読むのをやめてしまう。初めのうちは、センテンスを短く短くと心がけると、テンポのある分かりやすい文になる。

◆句読点

「。」を句点「、」を読点と呼ぶ。特に読点の打ち方では、内容がまるで違うものになってしまうことがあるので注意したい。

・太一は恐怖におののいて走り出した妹を追いかけた。

A　太一は恐怖におののいて、走り出した妹を追いかけた。

B　太一は、恐怖におののいて走り出した妹を追いかけた。

この文には読点がない。読点の打ち方によっては二通りの内容になってしまう。

読点の打ち方一つで、文は分かりやすいものとなる。逆に文の意味が違ってしまうこともある。実際に文を書くときや推敲をの際には、頭の中で「テン」と読みながら筆を進めていくとよいだろう。

◆段落（改行、パラグラフ）

段落は、書く人の一つのまとまった考えが述べられているブロックである。改行することで表し、一字下げて書き出す決まりがある。

・話の内容が次の話にうつるとき
・時間や場所が変わるとき
・立場が変わるとき
・対象が変わるとき
・観点が変わるとき
・強調したいことがあるとき

このように、一つのテーマの中にも、いくつかの文のまとまりがある。このまとまりをはっきりさせるために段落をつける。従って、「つい長く書きすぎたので、この辺で改行するか」式はよくない。「行を変えなければならない」必然性にもとづいて改行する。

◆文体

文体には常体と敬体がある。よくいわれる「である」調と「ですます」調のことである。

・これは花だ（である）……常体
・これは花です……………敬体

文学作品などでは意識的に両者を併用して表現効果を狙うこともあるが、一般にはどちらかに統一した方が読みやすい。ちなみに、本書は「常体（である調）」で綴られている。

◆5W1H

5Wとは、WHEN（いつ）、WHERE（どこで）、WHO（誰が）、WHAT（何を）、WHY（どうして）、1HはHOW（どのように）。文章を書く際の大事な要素である。

「いつ」

WHEN

「終戦の年の昭和二十年」というように、年号と歴史的事実を同時に入れる。「今年」とか「その夏」など、著者にしか分からないフレーズは避ける。

「どこで」

WHERE

住所や地番まで記す必要はないが、「かつて桜の並木が人々を楽しませていた○○界隈で」など、地名と情景とを合致させて記したい。市町村合併前の地名も入れよう。

「だれが」

WHO

日本語は主語が曖昧になりがちである。誰が主語なのかが不明確であれば、名前を入れたり、あるいは代名詞（「私」「彼女」「父親」「友人」など）を適宜挿入する。

「なにを」

WHAT

最も重要な項目である。何をしたのかを書き記す。なるべく具体的に、相手に伝わる言葉を選びたいところだ。

「どうして」

WHY

どういう理由からそうした行動を起こしたのかを説明する場合に、理由が求められる。「～だから」や「～なので」といった具合に理由を述べる。

「どのように」

HOW

何か行動を起こしたときに、それはどのような手段によるものだろうか。「電車で」「お箸で」「鉛筆で」「パソコンで」など。

◆**形容詞**

少々きびしい注文になるが、安易な形容詞は避けた方がよいことも付しておく。

・「美しい花」
・「悲しい別れ」
・「偉い人」
→ 形容詞

こう書いてしまいがちであるが、それではその語のもつ限定された意味のみで終わってしまう。「美しい」というのは個々人によって捉え方が異なる。著者が思うほどに「美しい」と思ってもらえない可能性もある。どの程度の美しさなのか、もう少し突っ込んで表現してみたいところだ。自分の感覚に一番近い言葉を探し出す苦労も、あえて試みるとよい。

参考までに次の二文を挙げておく。AとB、著者の書こうとしている情景を的確に表現できているのはどちらだろうか。

A　山のむこうに、美しい夕焼けが広がっていた。

B　山のむこうに、茜色した鱗雲がどこまでも広がっていた。

◆起承転結

起承転結は、本来、漢詩の絶句の構成であるが、文章でも物語の順序・組み立てに使われている。自分史は自身に関わる出来事の積み重ねでできている。その一つひとつの出来事が、起承転結で説明されていると分かりやすい。当社で出版された自分史の中から、「左手日記」という短い随想の構成をお借りして、起承転結を説明してみる。

起　“八月の末、ちょっとした不注意から右手首の骨を折ってしまった”と、書きたい事柄の提起で文を起こし、その前後の様子を書いている。

承　“始めて六か月目の油絵の筆を持てなくなった”と、前文を承けて自分の立場を明示。治療の経過、先生に「左手で描いてみたら」と勧められ、実際に試してみた様子へと進む。

転　“社会的には、ちょうど韓国でオリンピックが開催されていた”と、一転して社会情勢や成人して別居している家族の様子、みんなが駆けつけて手伝ってくれた話へと展開。

結　“リハビリに入って十日ほど、右手もそろそろ使った方がよいと医師に言われ、わたしの左手日記も終わることになる”と、この項の結びへとつなげている。

難しく考えないで、一つの見出しの中で何を書きたいのか、そのことが自分とどう関わり、周囲との関係でどうなったのか、そして最後に何を伝えたいかで締めくくるとよい。

◆推敲

一通り書き終えたら、繰り返し読み直して推敲を重ねる。そして読みやすい文に整形していく。削除したり、書き加えたり、何回でもしつこく繰り返してみるとよい。そうした上で、親しい人に読んでもらうか、専門の編集者にチェックをお願いして、素直に助言を仰ごう。

・しつこく繰り返し読み直す
・黙読より音読
・第三者の目を通す
・他人からの指摘に謙虚に応ずる
・出版の責任に対する気構えを養う

パソコンで誰でも簡単に文章が書けて、ページレイアウトまでできてしまう時代、文章・内容ともひどい出版物に出会うことがある。自費出版とはいえ、本を出すということは、自分の経験や考えを世に問う結果になる。本は自らの名刺や紹介状と同等の扱いになる。自費で作る本だから何でも良いというわけにはいかない。内容に対する、最低限の責任を持たなくてはならない。そのためには、文章・内容とも入念なチェックが必要である。

◆**著作権・肖像権**

二〇〇五年四月一日から「個人情報保護法」が全面施行され、著作権・肖像権に関する取り扱いが非常に厳しくなった。自費出版だから許されるというわけにはいかないので、注意が必要である。明らかに個人が特定できる記述や写真などの使用に当たっては、本人の承諾を得るのが最低限のマナーである。

・**著作権**＝著作者が自身の著作物に対して独占的に権利を有し、利益を受ける排他的権利。

他人の著作物を使う際は、許諾を得ることが望ましいが、自分の著述が主で引用の必然性がある場合のみ、著作物の引用が認められている。この場合でも、必要最小限の引用とし、出所（書名、著者、発行者、発行日など）の明示と、自分の著述との区別をはっきり表現しなくてはならない。

・**肖像権**＝著作物などへの自身の顔や姿の無断掲載を拒否する権利。人格権の一部。

ネット社会となったいま、とみに問題にされてきているのが肖像権。写真などの安易な掲載は避けよう。写真や絵画には、写された本人の肖像権と、撮影者・作者の著作権とがある。例えば、集合写真や街のスナップなどで、写っていること自体が都合の悪い人もいるかもしれない。掲載された人のプライバシーを侵害しないよう注意したい。

・遊《あそ》び紙《がみ》＝見返しと本扉の間に挿入する用紙。句歌集でよく用いられる。

・えびす紙《がみ》＝製本の仕上げで紙を裁つとき、内側へ折れ込んで裁ち残しになったもの。

・OCR＝光学式文字読み取り装置。印刷物の文字を読み取り、テキストデータに置換する。

・帯《おび》＝表紙や箱に巻く帯状の印刷物。腰巻きとも。推薦文や内容紹介、価格を載せる。

・禁則《きんそく》＝文章の体裁上、句読点やカッコなどが行頭または行末にならないよう処理。

・クロス＝布クロスとも。上製本の表紙に使用する布。多種多様な製品がある。

・組版《くみはん》＝パソコンで文字や写真を本の体裁に仕上げていく作業。元は活版印刷の用語。

・ゲラ＝校正用に出される仮刷りのこと。ここに校正の朱を入れていく。

・献辞《けんじ》＝著者や発行者が本を人に献呈する際に記す言葉。献詞、献題とも。

・小口《こぐち》＝本の三方の切り口。上を天、下を地、開く側を小口、綴じてある側をのどという。

・誤植《ごしょく》＝組版作業の際に文字や記号が誤って入力されること。

・再版《さいはん》＝以前に印刷した本を再び印刷すること。重版とも。変更を加えると改訂版。

・栞《しおり》＝読みかけの書物の間に挟む目印。紐状で本についたものや、短冊状など多様。

・私家版《しかばん》＝自費で制作する本。非営利で、書店での販売を目的としないものを指す。

・スリップ＝新刊書に挟んである短冊型の売上伝票。書店はこれをもとに追加発注する。

・背《せ》＝本の綴じられている部分、またはその外面。丸みのあるのは丸背、平たいのは角背。

コラム

・ぞっき本《ぼん》＝資金回収を急ぐ版元が、出版後間もない新本をダンピングして生ずる本。
・束《つか》＝書物の中身の厚さのこと。上製本の場合、厚い表紙部分は含まない。
・ＤＴＰ＝コンピュータを使って出版物の組版やページレイアウトなどを行うこと。
・共紙《ともがみ》＝本文紙と同じ紙。通常、別の紙を使用する部分に本文と同じ紙を用いること。
・トリミング＝写真などの不要な部分を取り除く作業。専らパソコン上で行う。
・ネーム＝キャプション、絵解きとも。写真や図版に付される解説文のこと。
・ノンブル＝本や雑誌につけるページ番号。目次と対応する。
・柱《はしら》＝ノンブルのそばや欄外に記載される、本のタイトルや章題のこと。
・花布《はなぎれ》＝上製本の背部分の上下に貼る小さな布。本のワンポイント装飾になる。
・ＰＤＦ＝どのパソコンで開いても同じ体裁、同じフォントで開ける保存形式。
・ＰＰ貼《ば》り＝カバーなどに貼る保護膜。光沢のあるグロスとツヤ消しのマットがある。
・ベタ＝字間を空けないで組んだもの。濃淡のない、全く同じ色の印刷もベタという。
・モアレ＝点の重なりにより生じる干渉模様で印刷には不適。
・ヤレ＝印刷物の傷もの。損紙とも。使いものにならない紙。破れから派生した語。
・落丁《らくちょう》＝製本の際に誤ってページが抜け落ちること。またはそのページ。
・乱丁《らんちょう》＝本のページ順が違ったり、上下逆さになったりすること。またはそのページ。
・ルビ＝難読字などの横にふる文字。主にひらがなやカタカナで表示。ふりがな。
・割付《わりつけ》＝文字や写真、イラストなどの配置を決めた指示書。レイアウトのこと。

自分史を編集する

④相談

原稿が書き上がればいよいよ編集作業である。商業出版の場合、著者が編集までタッチするケースはほとんどない。自費出版でも、専門家に依頼してしまえばそれで済む話ではあるが、どんな本にするかを自分で考え、できうる限り関わって、自分好みの本に編集して仕上げていくのも、自費出版の楽しみの一つである。

そういう意味でも、どこに相談するかが肝心になってくる。本の仕上がりイメージは、出版社や印刷会社などに豊富にそろっているサンプルの中から決めていくこともできるし、手元にある好きな本を見本としてもよい。

◆どこに相談するか

いまではほとんどの大手出版社に自費出版サービス部門があり、各社のブランドにふさわしい編集態勢で本をつくってくれる。また、自費出版専門の出版社、あるいは編集プロダクションもある。もっとも一般的なのは、自費出版を多く手がけていて、出版部門をもっている印刷会社だろう。

大手出版社

ブランド志向。費用は非常に高くつく。販売ルートあり

自費出版専門の出版社

広告宣伝に強み。高額。トラブル多し

編集プロダクション

百戦錬磨。どんな本にも対応。編集作業のみ

自費出版を手がける印刷会社

親身な対応。印刷の知識豊富。デザイン劣る

自費出版の普及は印刷技術の進展とともにあり、その最先端技術のノウハウを持ち、編集スタッフもそろっている印刷会社系出版社は心強い。最大のメリットは、スタッフと共同作業で納得のいく本づくりを楽しむことができる点だ。その意味でも、地元の会社が望ましい。編集者と何度も顔を合わせて、信頼関係を築いていくとよいだろう。

◆注意したい自費出版詐欺

新聞や雑誌、ネットなどで「自費出版の原稿募集。あなたの本を書店販売します」という宣伝を多く見かける。自分の著書を書店販売したい、売れるはずと願望を持っている著者は少なからずいる。その夢を利用した商法ともいわれ、金銭的なトラブルの話が後を絶たない。原稿を提出して、何日か後に内容をベタ褒めしてきたり、急に「先生」と呼んだりしてくるような出版社は注意した方がいい。

自費出版詐欺のポイント

□原稿をベタ褒め
□売れると繰り返す
□「先生」と呼んでくる
□ドラマ化の可能性を語る
□有名作家のお墨付きをちらつかせる
□これまでのベストセラーを引き合いに出す
□印税率が数%と極端に低い
※2つ以上該当したら詐欺の可能性を疑おう

ひどい例だと、契約した冊数を実際には印刷せず、少部数だけ製作しておいて、著者が希望した書店にのみ一か月程度配本、すべて売れた扱いにしたという話もある。出版社側は、製作費も広告費も、在庫引き取りの費用も著者に負担させているから、全く財布が痛まないのである。こうした出版社に気をつけながら、自分史企画書に記した当初の目的をもとに依頼先を決めよう。

◆発行部数

本を誰に読んでもらうのか、また誰に読んでもらえるのかを整理して考えなおしてみる。それによって発行部数が決まってくる。部数は印刷するときまでには決定しなければならない。考え方として、必要と思われる部数の二割程度は余分に作るとよいだろう。百冊と思ったら百二、三十冊、二百冊と思ったら二百五十冊、というように。単に親戚縁者や隣近所、趣味仲間に配るのであれば、年賀状の枚数が一つの目安になる。

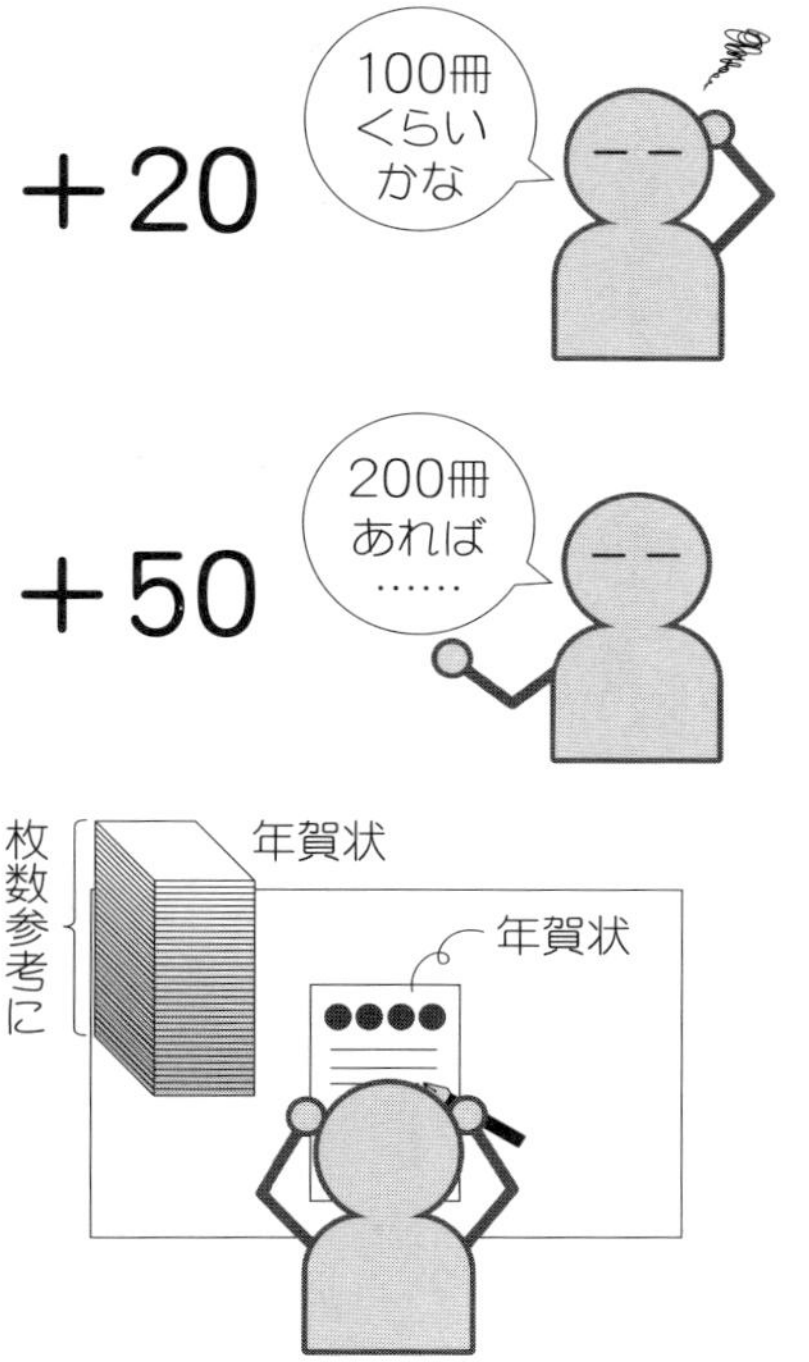

本というものは、思わぬ人から注文がくるものだ。今までに当社で出版した人の中で、手元の残部が自分用の一冊になってしまい、読みたい人には貸し出している、という人が何人もいる。後で増刷するとなると余計な費用負担となるので、慎重に決めよう。

⑤編集

雑誌や同人誌など、内容に応じてページ毎に組み方を変えたり、見出しや写真で読ませようとする本の編集とちがい、一般の書籍の場合は、どんな仕上がりの本にするかを大枠で決めていくのが編集、という程度に考えれば充分である。この編集作業は本の骨格づくりだが、かなり専門的な知識が求められる。以下にざっと紹介するが、一番良いのは出版社・印刷会社に持ち込んで、信頼できる編集者と相談しながら決めていく態勢をつくってしまうことだ。一人で編集のすべてを行うのは至難の業だし、独りよがりになりがちである。出版のよきパートナーを見つけよう。ちなみに、編集で決まった指定に従ってパソコンで本の体裁に仕上げていく作業を「組版」と呼ぶ。

実際に本をつくる時は、原稿量と判型、字詰めで本の厚さが決まり、費用も変わってくる。経済的に仕上げたければ、B5判、A4判など大きめな本に、小さめの活字で二段とか三段組みとし、頁数を少なくする。逆に、せっかくつくるのだから多少経費はかかってもゆとりのある本にしたいという人は、A5判、B6判、四六判などに大きめの活字を使い、余白を活かした編集をする。

◆用紙の寸法と本の規格サイズ

印刷用紙の主流は世界共通のＡ列とＢ列の二つである。Ａ列、Ｂ列の用紙をいくつに切るかで、Ａ４判とかＢ５判と呼ぶ。この他に日本独自の四六判（Ｂ判相当）、菊判（Ａ判相当）なども用途によっては使われるが、仕上がり段階ではＡ判、Ｂ判とほぼ変わらない。

書籍で多いものは、Ｂ５判、Ａ５判、Ｂ６判、四六判であるが、画集・写真集などでは変型判も好まれている。変型判は用紙に無駄が出るので不経済になりやすい。

【用紙の寸法】

Ｂ　列		Ａ　列	
列番号	寸法(mm)	列番号	寸法(mm)
四六全	788×1,091	菊　全	636×939
Ｂ　全	728×1,030	Ａ　全	594×841
Ｂ　2	515×　728	Ａ　2	420×594
Ｂ　3	364×　515	Ａ　3	297×420
Ｂ　4	257×　364	Ａ　4	210×297
Ｂ　5	182×　257	Ａ　5	148×210
Ｂ　6	128×　182	Ａ　6	105×148
Ｂ　7	91×　128	Ａ　7	74×105
Ｂ　8	64×　91	Ａ　8	52×　74
Ｂ　9	45×　64	Ａ　9	37×　52
Ｂ　10	32×　45	Ａ　10	26×　37

【本の主な規格とサイズ】

判型	寸法(mm)	実　物
Ａ４判	210×297	カタログ類
Ｂ５判	182×257	週刊誌
Ａ５判	148×210	単行本・教科書
Ｂ６判	128×182	単行本
四六判	128×188	単行本
新書判	103×108	新書本
Ａ６判	105×148	文庫本

◆基本体裁

まず判型、活字の大きさ、何段組みかなどの基本体裁を決定する。

1、判型（本の大きさ）	
2、縦組か横組か	
3、天地・左右の余白	
4、段組み	
5、本文の活字の大きさ	
6、本文の書体	
7、一行に何文字	
8、一頁に何行	

　レイアウトを一から決めるのは難しいと思うので、次々頁以下に実例を掲載した。体裁に特にこだわりがなければ、コピーして利用してほしい。

　編集の要点を分かりやすく記入して組版にまわすものを、割付（レイアウト）用紙という。こちらも参考までに、次頁に載せておく。指定は赤ではっきり書く。文字の大きさや書体の種類、前付や後付の扱いなどは、86ページ以降を参照のこと。

割付（レイアウト）見本

・本　文　9ポM 23字18行　二段組

・大見出し改頁　五行どり　二段二行目一字下がり14ポM

・中見出し追込　三行どり　一段センター頭そろえ12ポM

・小見出し追込　二行どり　一段センター一字下がり10ポG

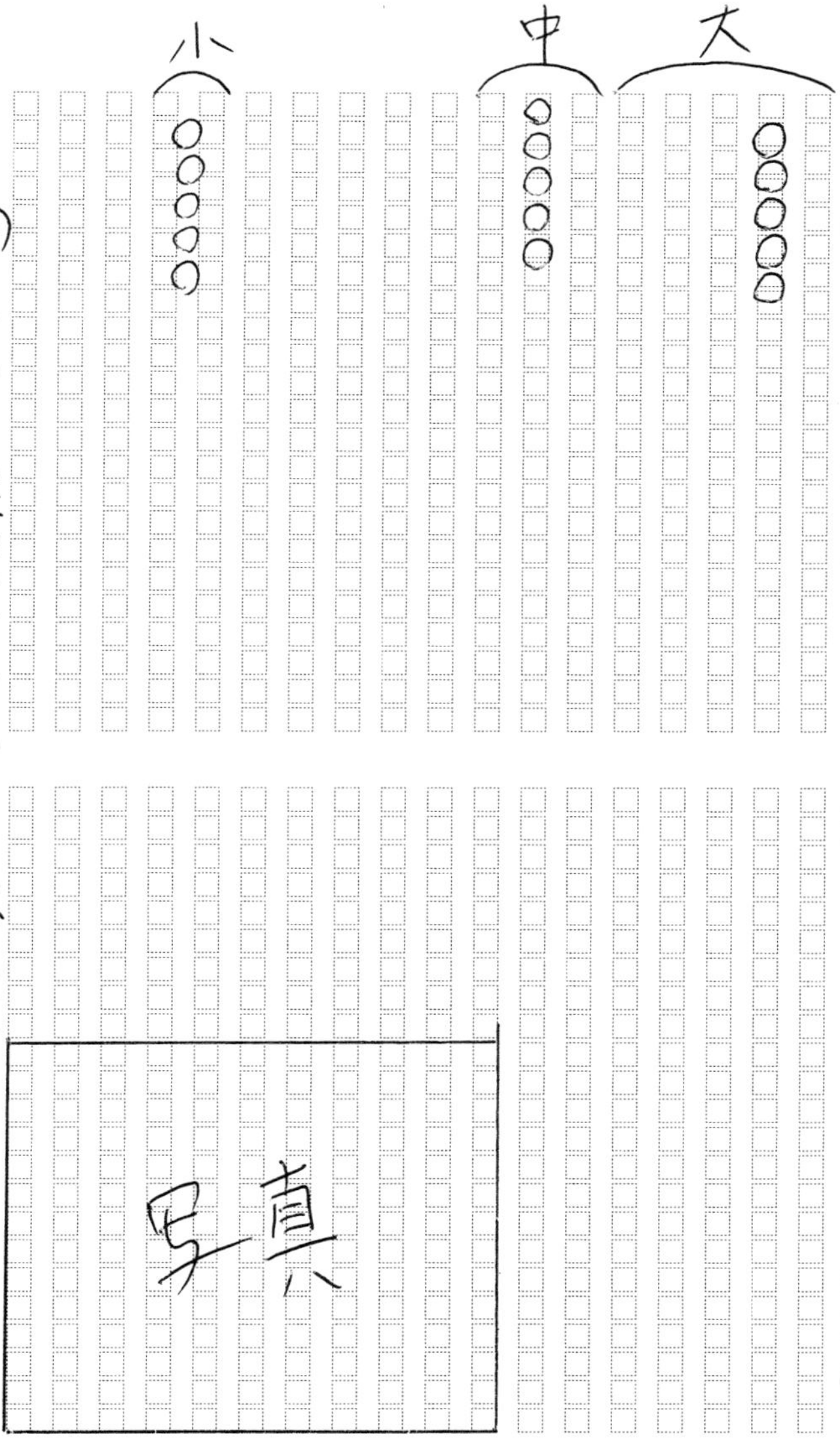

(注)見出しの後、本文二行入らなければ改段

（四六版　128×188㎜）

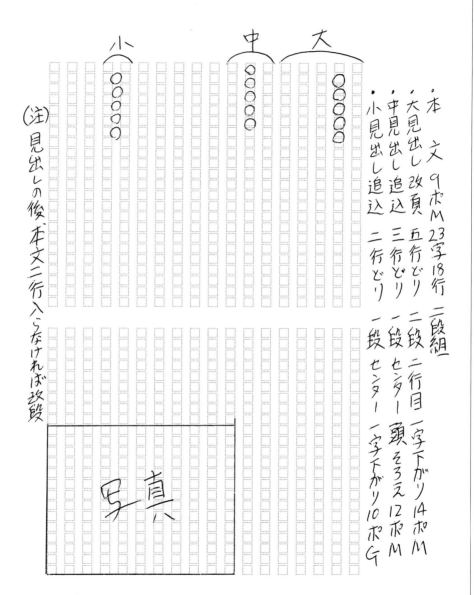

Ａ５　13Q　26字　22行　２段

揺籃社設立と「自費出版文化賞」

四十五年の歳月

「田舎じゃぁ、困ったこんがあれば、近所でも親類でもなんとかしてくれるけんど、都会じゃぁそういうわけにはいかんからな。ここにゃぁ誰も知ってる人もいねぇし、商売なんか始めて大丈夫だけ」私が印刷業を始めようとした時の、母の心配ごとでした。あのときの母のことばは未だに脳裏から離れたことがありません。山梨県出身の私が、ここ八王子で清水工房を始めたのは一九六九年（昭和四十四）。あれから四十五年の歳月を数えることができたことになります。全く地縁血縁のなかった八王子で今日まで仕事を続けられ、五年前の四十周年記念行事を機に後進の若いスタッフにバトンタッチすることができましたのは、ここに文をお寄せいただいた皆さんはじめ、多くの方々のご支援のお陰さまと感謝し、お礼申し上げます。

橋本義夫先生との出会い

町の印刷屋として産声をあげた清水工房にとって幸運だったことは、創業の翌年に「ふだん記運動」の創始者橋本義夫先生にお会いできたことであった（先生との出会いやふだん記については、機会あるごとに書いてきたので省略）。まだ、営業の方針も決まっていなかった工房を自然と書籍印刷へと導いていただいた。一般の人々が自費出版するとか自分史を書くなどということが、今のように普及している時代ではなかった。それだけに業者も少なく、私にとって一番幸いだったのは、仕事を通して多くの方々との出会いの機会が与えられたこと。ふだん記を通して知りあえた皆さんはじめ、地道に地方文化を研究してこられた方々、文芸活動などに熱心な方などとの出会いは、単に仕事冥利という言葉で言い尽くせるものではなかった。

校正や印刷などの仕事中に垣間見る、いやつい夢中になって読み耽ってしまう自費出版本の文章に、今まで読んだことのない真実の生活記録や地方の歴史などがあることに気付き、いつの日からか、自費出版本の流通を夢みるようになっていた。せっかくの著作を著者の身の回りの人たちだけではなく、一人でも多く一般の人に読んでもらいたい、そんな思いを橋本先生にも相談するようになる。先生もその考えには賛同され、真剣に相談にのってくださった。出版の方法や社名などアドバイスしていただいているうちに「揺籃社」を出版社名として使用することを提案してくださった。「揺籃社」は一九二八年に、先生が同じ志を持

Ａ５　13Q　50字　20行　１段

実例　2（MS明朝）

揺籃社設立と「自費出版文化賞」

四十五年の歳月

「田舎じゃぁ、困ったこんがあれば、近所でも親類でもなんとかしてくれるけんど、都会じゃぁそういうわけにはいかんからな。ここにゃぁ誰も知ってる人もいねぇし、商売なんか始めて大丈夫だけ」私が印刷業を始めようとした時の、母の心配ごとでした。あのときの母のことばは未だに脳裏から離れたことがありません。山梨県出身の私が、ここ八王子で清水工房を始めたのは一九六九年（昭和四十四）。あれから四十五年の歳月を数えることができたことになります。全く地縁血縁のなかった八王子で今日まで仕事を続けられ、五年前の四十周年記念行事を機に後進の若いスタッフにバトンタッチすることができましたのは、ここに文をお寄せいただいた皆さんはじめ、多くの方々のご支援のお陰さまと感謝し、お礼申し上げます。

橋本義夫先生との出会い

町の印刷屋として産声をあげた清水工房にとって幸運だったことは、創業の翌年に「ふだん記運動」の創始者橋本義夫先生にお会いできたことであった（先生との出会いやふだん記については、機会あるごとに書いてきたので省略）。まだ、営業の方針も決まっていなかった工房を自然と書籍印刷へと導いていただいた。一般の人々が自費出版するとか自分史を書くなどということが、今のように普及している時代ではなかった。それだけに業者も少なく、私にとって一番幸いだったのは、仕事を通して多くの方々との出会いの機会が与えられたこと。ふだん記を通して知りあえた皆さんはじめ、地道に地方文化を研究してこられた方々、文芸活動などに熱心な方な

Ａ５　14Ｑ　42字　16行　１段

揺籃社設立と「自費出版文化賞」

四十五年の歳月

「田舎じゃぁ、困ったこんがあれば、近所でも親類でもなんとかしてくれるけんど、都会じゃぁそういうわけにはいかんからな。ここにゃぁ誰も知ってる人もいねぇし、商売なんか始めて大丈夫だけ」私が印刷業を始めようとした時の、母の心配ごとでした。あのときの母のことばは未だに脳裏から離れたことがありません。山梨県出身の私が、ここ八王子で清水工房を始めたのは一九六九年（昭和四十四）。あれから四十五年の歳月を数えることができたことになります。全く地縁血縁のなかった八王子で今日まで仕事を続けられ、五年前の四十周年記念行事を機に後進の若いスタッフにバトンタッチすることができましたのは、ここに文をお寄せいただいた皆さんはじめ、多くの方々のご支援のお陰さまと感謝し、お礼申し上げます。

橋本義夫先生との出会い

町の印刷屋として産声をあげた清水工房にとって幸運だったことは、創業の翌年に「ふだん

Ａ５　14Ｑ　35字　16行　１段

実例　4　(MS明朝)

揺籃社設立と「自費出版文化賞」

四十五年の歳月

「田舎じゃぁ、困ったこんがあれば、近所でも親類でもなんとかしてくれるけんど、都会じゃぁそういうわけにはいかんからな。ここにゃぁ誰も知ってる人もいねぇし、商売なんか始めて大丈夫だけ」私が印刷業を始めようとした時の、母の心配ごとでした。あのときの母のことばは未だに脳裏から離れたことがありません。山梨県出身の私が、ここ八王子で清水工房を始めたのは一九六九年（昭和四十四）。あれから四十五年の歳月を数えることができたことになります。全く地縁血縁のなかった八王子で今日まで仕事を続けられ、五年前の四十周年記念行事を機に後進の若いスタッフにバトンタッチすることができましたのは、ここに文をお寄せいただいた皆さんはじめ、多くの方々のご支援のお陰さまと感謝し、お礼申し上げます。

Ａ５　15Ｑ　42字　15行　１段

揺籃社設立と「自費出版文化賞」

四十五年の歳月

「田舎じゃぁ、困ったこんがあれば、近所でも親類でもなんとかしてくれるけんど、都会じゃぁそういうわけにはいかんからな。ここにゃぁ誰も知ってる人もいねぇし、商売なんか始めて大丈夫だけ」私が印刷業を始めようとした時の、母の心配ごとでした。あのときの母のことばは未だに脳裏から離れたことがありません。山梨県出身の私が、ここ八王子で清水工房を始めたのは一九六九年（昭和四十四）。あれから四十五年の歳月を数えることができたことになります。全く地縁血縁のなかった八王子で今日まで仕事を続けられ、五年前の四十周年記念行事を機に後進の若いスタッフにバトンタッチすることができましたのは、ここに文をお寄せいただいた皆さんはじめ、多くの方々のご支援のお陰さまと感謝し、お礼申し上げます。

橋本義夫先生との出会い

A５　13Q　17字　24行　３段

実例 6（中太明朝）

揺籃社設立と「自費出版文化賞」

四十五年の歳月

「田舎じゃぁ、困ったこんがあれば、近所でも親類でもなんとかしてくれるけんど、都会じゃぁそういうわけにはいかんからな。ここにゃぁ誰も知ってる人もいねぇし、商売なんか始めて大丈夫だけ」私が印刷業を始めようとした時の、母の心配ごとでした。あのときの母のことばは未だに脳裏から離れたことがありません。山梨県出身の私が、ここ八王子で清水工房を始めたのは一九六九年（昭和四十四）。あれから四十五年の歳月を数えることができたことになります。全く地縁血縁のなかった八王子で今日まで仕事を続けられ、五年前の四十周年記念行事を機に後進の若いスタッフにバトンタッチすることができましたのは、ここに文をお寄せいただいた皆さんはじめ、多くの方々のご支援のお陰さまと感謝し、お礼申し上げます。

橋本義夫先生との出会い

　町の印刷屋として産声をあげた清水工房にとって幸運だったことは、創業の翌年に「ふだん記運動」の創始者橋本義夫先生にお会いできたことであった（先生との出会いやふだん記については、機会あるごとに書いてきたので省略）。まだ、営業の方針も決まっていなかった工房を自然と書籍印刷へと導いていただいた。一般の人々が自費出版するとか自分史を書くなどということが、今のように普及している時代ではなかった。それだけに業者も少なく、私にとって一番幸いだったのは、仕事を通して多くの方々との出会いの機会が与えられたこと。ふだん記を通して知りあえた皆さんはじめ、地道に地方文化を研究してこられた方々、文芸活動などに熱心な方などとの出会いは、単に仕事冥利という言葉で言い尽くせるものではなかった。

　校正や印刷などの仕事中に垣間見る、いやつい夢中になって読み耽ってしまう自費出版本の文章に、今まで読んだことのない真実の生活記録や地方の歴史などがあることに気付き、いつの日からか、自費出版本の流通を夢みるようになっていた。せっかくの著作を著者の身の回りの人たちだけではなく、一人でも多く一般の人に読んでもらいたい、そんな思いを橋本先生にも相談するようになる。先生もその考えには賛同され、真剣に相談にのってくださった。出版の方法や社名などアドバイスしていただいているうちに「揺籃社」を出版社名として使用することを提案してくださった。「揺籃社」は一九二八年に、先生が同じ志を持つ青年らと八王子で始められた書店名である。四五年八月一日の八王子空襲で焼失するまで、若者たちの文化の拠点になっていたという。店名の由来は、スイスの教育者ペスタロッチの「揺籃を動かすものは世界を動かす」から名付けられたと聞く。私には荷が重すぎる

A５　13Q　34字　32行　１段

実例　7（中太ゴシック）

揺籃社設立と「自費出版文化賞」

四十五年の歳月

「田舎じゃぁ、困ったこんがあれば、近所でも親類でもなんとかしてくれるけんど、都会じゃぁそういうわけにはいかんからな。ここにゃぁ誰も知ってる人もいねぇし、商売なんか始めて大丈夫だけ」私が印刷業を始めようとした時の、母の心配ごとでした。あのときの母のことばは未だに脳裏から離れたことがありません。山梨県出身の私が、ここ八王子で清水工房を始めたのは一九六九年（昭和四十四）。あれから四十五年の歳月を数えることができたことになります。全く地縁血縁のなかった八王子で今日まで仕事を続けられ、五年前の四十周年記念行事を機に後進の若いスタッフにバトンタッチすることができましたのは、ここに文をお寄せいただいた皆さんはじめ、多くの方々のご支援のお陰さまと感謝し、お礼申し上げます。

橋本義夫先生との出会い

町の印刷屋として産声をあげた清水工房にとって幸運だったことは、創業の翌年に「ふだん記運動」の創始者橋本義夫先生にお会いできたことであった（先生との出会いやふだん記については、機会あるごとに書いてきたので省略）。まだ、営業の方針も決まっていなかった工房を自然と書籍印刷へと導いていただいた。一般の人々が自費出版するとか自分史を書くなどということが、今のように普及している時代ではなかった。それだけに業者も少なく、私にとって一番幸いだったのは、仕事を通して多くの方々との出会いの機会が与えられたこと。ふだん記を通して知りあえた皆さんはじめ、地道に地方文化を研究してこられた方々、文芸活動などに熱心な方などとの出会いは、単に仕事冥利という言葉で言い尽くせるものではなかった。

校正や印刷などの仕事中に垣間見る、いやつい夢中になって読み耽ってしまう自費出版本の文章に、今まで読んだことのない真実の生活記録や地方の歴史などがあることに気付き、いつの日からか、自費出版本の流通を夢みるようになっていた。せっかくの著作を著者の身の回りの人たちだけではなく、一人でも多く一般の人に読んでもらいたい、そんな思いを橋本先生にも

四六　15Q　38字　13行　1段

実例　8（中太明朝）

揺籃社設立と「自費出版文化賞」

四十五年の歳月

「田舎じゃぁ、困ったこんがあれば、近所でも親類でもなんとかしてくれるけんど、都会じゃぁそういうわけにはいかんからな。ここにゃぁ誰も知ってる人もいねぇし、商売なんか始めて大丈夫だけ」私が印刷業を始めようとした時の、母の心配ごとでした。あのときの母のことばは未だに脳裏から離れたことがありません。山梨県出身の私が、ここ八王子で清水工房を始めたのは一九六九年（昭和四十四）。あれから四十五年の歳月を数えることができたことになります。全く地縁血縁のなかった八王子で今日まで仕事を続けられ、五年前の四十周年記念行事を機に後進の若いスタッフにバトンタッチすることができましたのは、ここに文をお寄せいただいた皆さんはじ

四六　14Q　40字　16行　1段

実例　9（細ゴシック）

揺籃社設立と「自費出版文化賞」

四十五年の歳月

「田舎じゃぁ、困ったこんがあれば、近所でも親類でもなんとかしてくれるけんど、都会じゃぁそういうわけにはいかんからな。ここにゃぁ誰も知ってる人もいねぇし、商売なんか始めて大丈夫だけ」私が印刷業を始めようとした時の、母の心配ごとでした。あのときの母のことばは未だに脳裏から離れたことがありません。山梨県出身の私が、ここ八王子で清水工房を始めたのは一九六九年（昭和四十四）。あれから四十五年の歳月を数えることができたことになります。全く地縁血縁のなかった八王子で今日まで仕事を続けられ、五年前の四十周年記念行事を機に後進の若いスタッフにバトンタッチすることができましたのは、ここに文をお寄せいただいた皆さんはじめ、多くの方々のご支援のお陰さまと感謝し、お礼申し上げます。

橋本義夫先生との出会い

B 6　14Q　35字　17行　1 段

実例 10（中太ゴシック）

揺籃社設立と「自費出版文化賞」

四十五年の歳月

「田舎じゃぁ、困ったこんがあれば、近所でも親類でもなんとかしてくれるけんど、都会じゃぁそういうわけにはいかんからな。ここにゃぁ誰も知ってる人もいねぇし、商売なんか始めて大丈夫だけ」私が印刷業を始めようとした時の、母の心配ごとでした。あのときの母のことばは未だに脳裏から離れたことがありません。山梨県出身の私が、ここ八王子で清水工房を始めたのは一九六九年（昭和四十四）。あれから四十五年の歳月を数えることができたことになります。全く地縁血縁のなかった八王子で今日まで仕事を続けられ、五年前の四十周年記念行事を機に後進の若いスタッフにバトンタッチすることができましたのは、ここに文をお寄せいただいた皆さんはじめ、多くの方々のご支援のお陰さまと感謝し、お礼申し上げます。

橋本義夫先生との出会い

Ｂ６　14Ｑ　15字　30行　２段

実例 11（丸ゴシック）

揺籃社設立と「自費出版文化賞」

四十五年の歳月

「田舎じゃぁ、困ったこんがあれば、近所でも親類でもなんとかしてくれるけんど、都会じゃぁそういうわけにはいかんからな。ここにゃぁ誰も知ってる人もいねぇし、商売なんか始めて大丈夫だけ」私が印刷業を始めようとした時の、母の心配ごとでした。あのときの母のことばは未だに脳裏から離れたことがありません。山梨県出身の私が、ここ八王子で清水工房を始めたのは一九六九年（昭和四十四）。あれから四十五年の歳月を数えることができたことになります。全く地縁血縁のなかった八王子で今日まで仕事を続けられ、五年前の四十周年記念行事を機に後進の若いスタッフにバトンタッチすることができましたのは、ここに文をお寄せいただいた皆さんはじめ、多くの方々のご支援のお陰さまと感謝し、お礼申し上げます。

橋本義夫先生との出会い

町の印刷屋として産声をあげた清水工房にとって幸運だったことは、創業の翌年に「ふだん記運動」の創始者橋本義夫先生にお会いできたことであった（先生との出会いやふだん記については、機会あるごとに書いてきたので省略）。まだ、営業の方針も決まっていなかった工房を自然と書籍印刷へと導いていただいた。一般の人々が自費出版するとか自分史を書くなどということが、今のように普及している時代ではなかった。それだけに業者も少なく、私にとって一番幸いだったのは、仕事を通して多くの方々との出会いの機会が与えられたこと。ふだん記を通して知りあえた皆さんはじめ、地道に地方文化を研究してこられた方々、文芸活動などに熱心な方などとの出会いは、単に仕事冥利という言葉で言い尽くせるものではなかった。

校正や印刷などの仕事中に垣間見る、いやつい夢中になって読み耽ってしまう自費出版本の文章に、今まで読んだことのない真実の生活記録や地方の歴史などがあ

◆本の構成

本の主体はあくまで本文なのだが、その前につく前付《まえつけ》と、うしろにくる後付《あとつけ》、表紙、カバー、箱などで一冊の本となる。

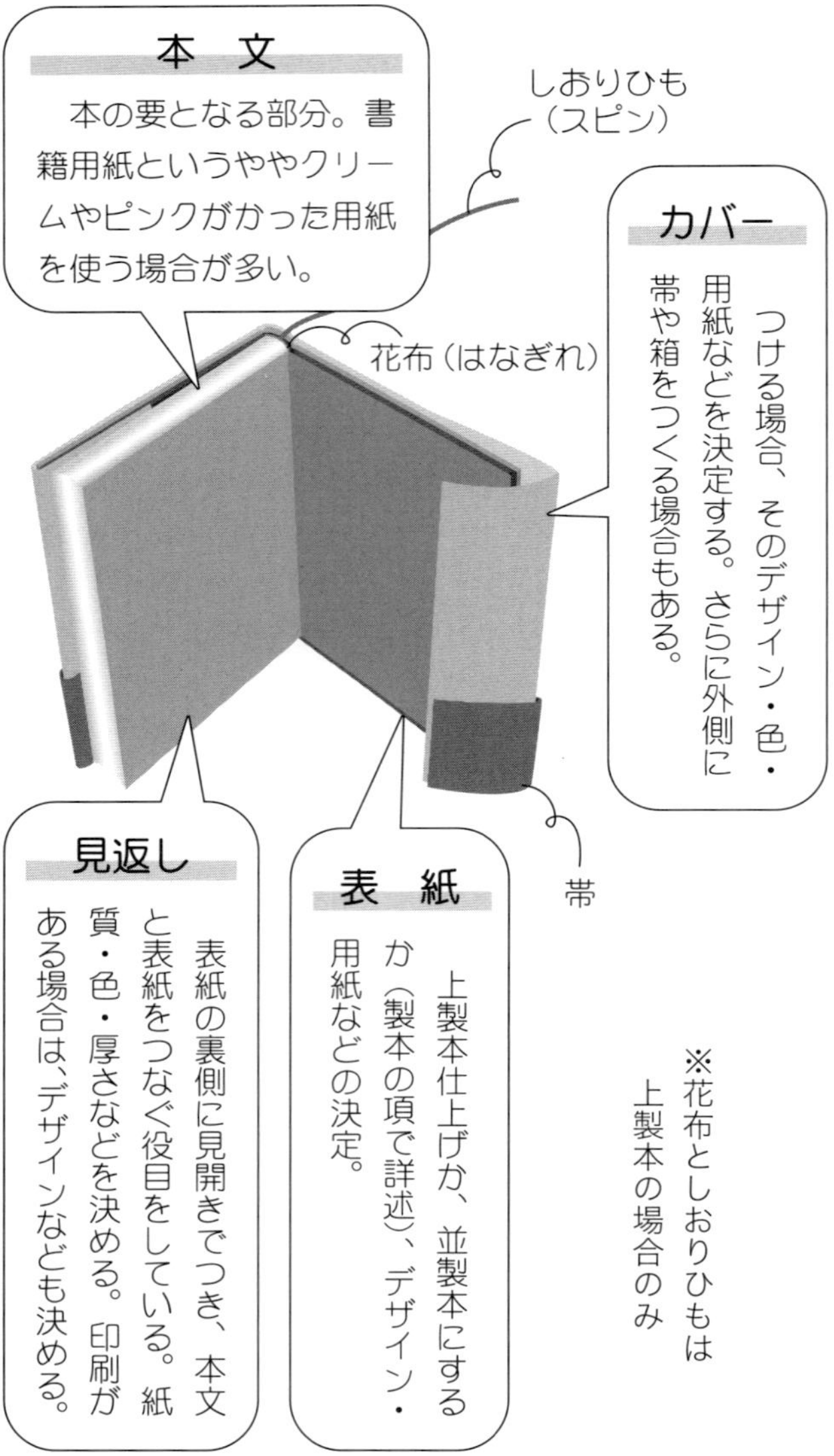

つける場合、そのデザイン・色・用紙などを決定する。さらに外側に帯や箱をつくる場合もある。
しおりひも（スピン）

本の要となる部分。書籍用紙というややクリームやピンクがかった用紙を使う場合が多い。
花布（はなぎれ）
帯

上製本仕上げか、並製本にするか（製本の項で詳述）、デザイン・用紙などの決定。
見返し
表紙の裏側に見開きでつき、本文と表紙をつなぐ役目をしている。紙質・色・厚さなどを決める。印刷がある場合は、デザインなども決める。

※花布としおりひもは上製本の場合のみ

前付

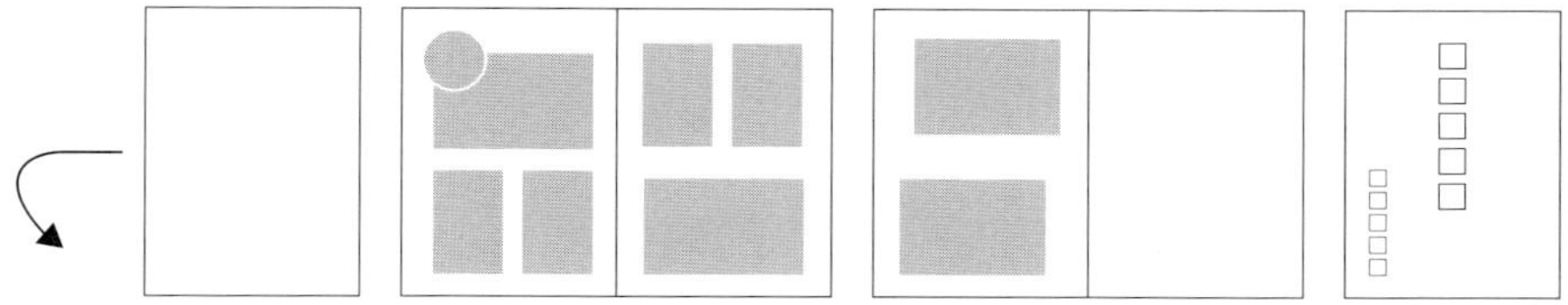

口絵

巻頭に入る写真・地図・挿絵などのグラビアページ。写真の割付や、説明文（キャプション）の入れ方などを決める。用紙はほぼコート紙を使用。パソコンによるカラー製版の普及により、口絵をカラー印刷する人が増えている。

扉

本扉と中扉がある。本扉は見返しの次にきて、書名、著者名などを印刷するページで、前扉と本扉に分けられるが、最近では本扉のみの本が多い。裏面は原則として白とし、本文とは違う紙を使用するのが一般的。中扉は、口絵や序文、目次などのあとに、書名や章題を入れるときに用いる。中扉には裏を白とする場合と、その裏から本文を始める半扉とがある。

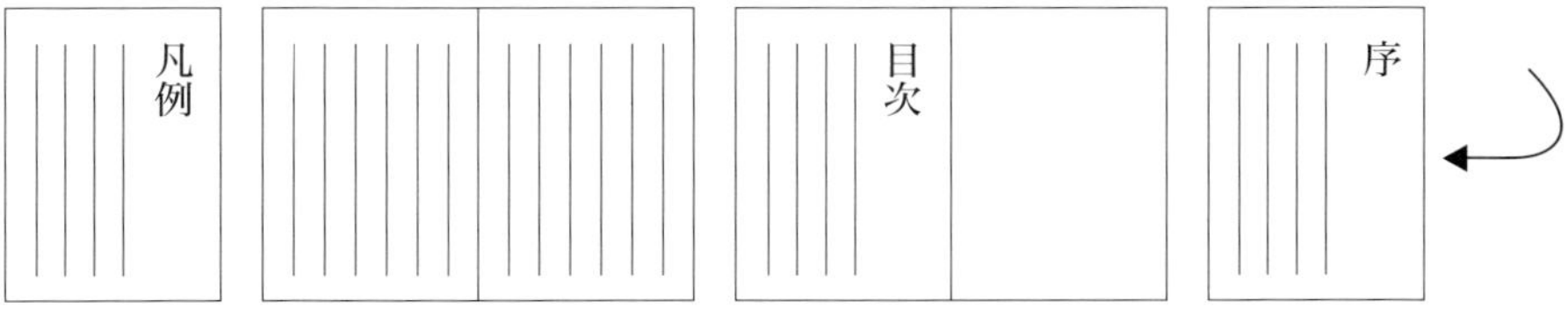

・・・・以下本文へ続く

まえがき

著者が出版の意図や経緯などを書く「はじめに」「はしがき」、お世話になった方にお願いした「序」「献辞」などがある。ここから本文と同じ用紙を使う。

目次

見出しを順に列記して、本文のページ数を表示したもの。本文とは別のノンブルをふったり、「隠しノンブル」といって、ページ番号をふらない方法もある。

凡例

本文を読んでいく上での注意や編集上の約束事などを記入したもの。目次の裏を使用するなどして、小さく記す。ここまでが前付。

後　付

索　引

本文に出てくる人名・地名・事項などを五十音順に並べ、検索用に本文のページ数を記したもの。主に横書きで記されるため、縦書きの本だと後ろからめくる結果となる。

付　録

参考文献・年表・注などが入る。ここからが後付となる。

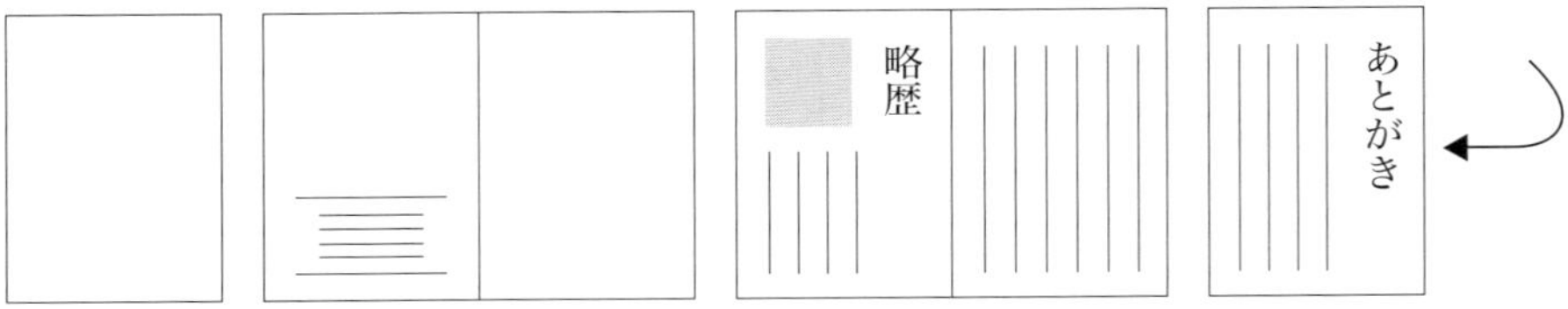

奥　付

書名・発行年月日・著者・編者・発行者・印刷所名・製本所名と、著者や発行所の住所、ＩＳＢＮコードなどを入れる。奥付を見れば、だれが、いつ、どこで出版したか一目瞭然とする。責任の所在を明確にする意味合いが強く、本の戸籍といえよう。「個人情報保護」の理由で、著者の住所をふせる人も出始めているが、自費出版するのであれば明示すべきであろう。奇数ページに記し、裏白とするのが原則。日本のように「無法式主義」の国では、本を発行した段階で著作権が付帯されているので、あえてＣマークを表示する必要はない。

著者略歴

著者の経歴を端的に記したもの。一ページをまるまる使って入れたり、奥付の上に小さく組むこともある。あまり多すぎない方がよい。顔写真を入れる人も。

あとがき

執筆や編集を終えた感想などを記す「あとがき」「おわりに」「後記」など。謝辞を記す場合が多い。「跋文」といって、友人などに寄稿してもらう文章もある。その場合、著者の後記よりも前に跋文が入る。

◆見出し

次に章題、大見出し、中見出し、小見出しなどのスペースと、活字の大きさ、書体などを決定する。見出しのつけ方は初めから終わりまで統一する方が分かりやすいので、最初だけ決めればよい。章題は、ゆとりをもたせるために裏白にし、単独ページとして改丁（次のページを奇数ページより始めること）する場合が多い。その他、大見出しは改ページ（次のページから始めること）や改段にするかしないかなども決定する。

見出しの例

◆文字の大きさ

日本では活字の大きさを、「ポイント（P）」「級（Q）」の二種類の規格で表示している。

ポイント（P）は活版印刷やタイプ印刷の活字の大きさを表していた。パソコンで使われているワード、一太郎などの文書作成ソフトもポイント表示である。ポイントは数の小さい方が小さく、書籍の本文は9ポイントや10ポイントが多い。

DTPの専門ソフトで使われるのが級数（Q）。9ポイントが13級、10ポイントは14級に相当する。ポイント、級の換算が一目で分かる級数表があるので、参考にされたい。また、現在の組版はほぼデジタルなので、文字の大きさは任意の数字で自由に使用できる。

ポ	級	
5	7	書体が豊富なデジタル
5.5	8	書体が豊富なデジタル
6	9	書体が豊富なデジタル
7	10	書体が豊富なデジタル
7.5	11	書体が豊富なデジタル
8	12	書体が豊富なデジタル
9	13	書体が豊富なデジタル
10	14	書体が豊富なデジタル
10.5	15	書体が豊富なデジタル
11	16	書体が豊富なデジタル
12	18	書体が豊富なデジタル
14	20	書体が豊富なデジタル
16	24	書体が豊富なデジタル
20	28	書体が豊富なデジタル
22	32	書体が豊富なデジタル
26	38	書体が豊富なデジタル

ポイントとQ数

◆書　体

一般の書籍では、本文に明朝体を使用していることが多い。この書体は中国から伝わってきたもので、縦線が太く、横線は細くなっていて、右肩に三角形がついている。漢字の特性をよくつかみ、見た目にも美しいので、長い文章を読んでいても目がつかれない。詩集、歌集などでは楷書体や教科書体などを使い、学術書や解説書の本には角ゴシック体が用いられる。また、絵本や漫画など、遊び心が求められる本は、丸ゴシック体を使ったりもする。自分史は明朝体としておくのが無難だろう。

見出しには色々な書体が使われるが、要所を強調したいこともあって角ゴシック体が一番多く使われている。縦、横とも太い線で角張った書体である。

ＭＳ明朝／**ＭＳゴシック**／ヒラギノ明朝３

ヒラギノ明朝６／ヒラギノ角ゴ３／**ヒラギノ角ゴ６**

ヒラギノ丸ゴ４／**創英角ポップ体**／行書体

教科書体／隷書体／楷書体／**勘亭流**　……　など

書体一例

◆コラム

写真や図表の他に「コラム」などをつける人もいる。著者以外の原稿、または違った観点からの原稿を力コミなどで入れる。コラムは紙面が単調になるのを防ぐ効果もあるが、本文では書ききれなかったエピソードや時代背景を補い、その本の意義を一層強化する目的もある。

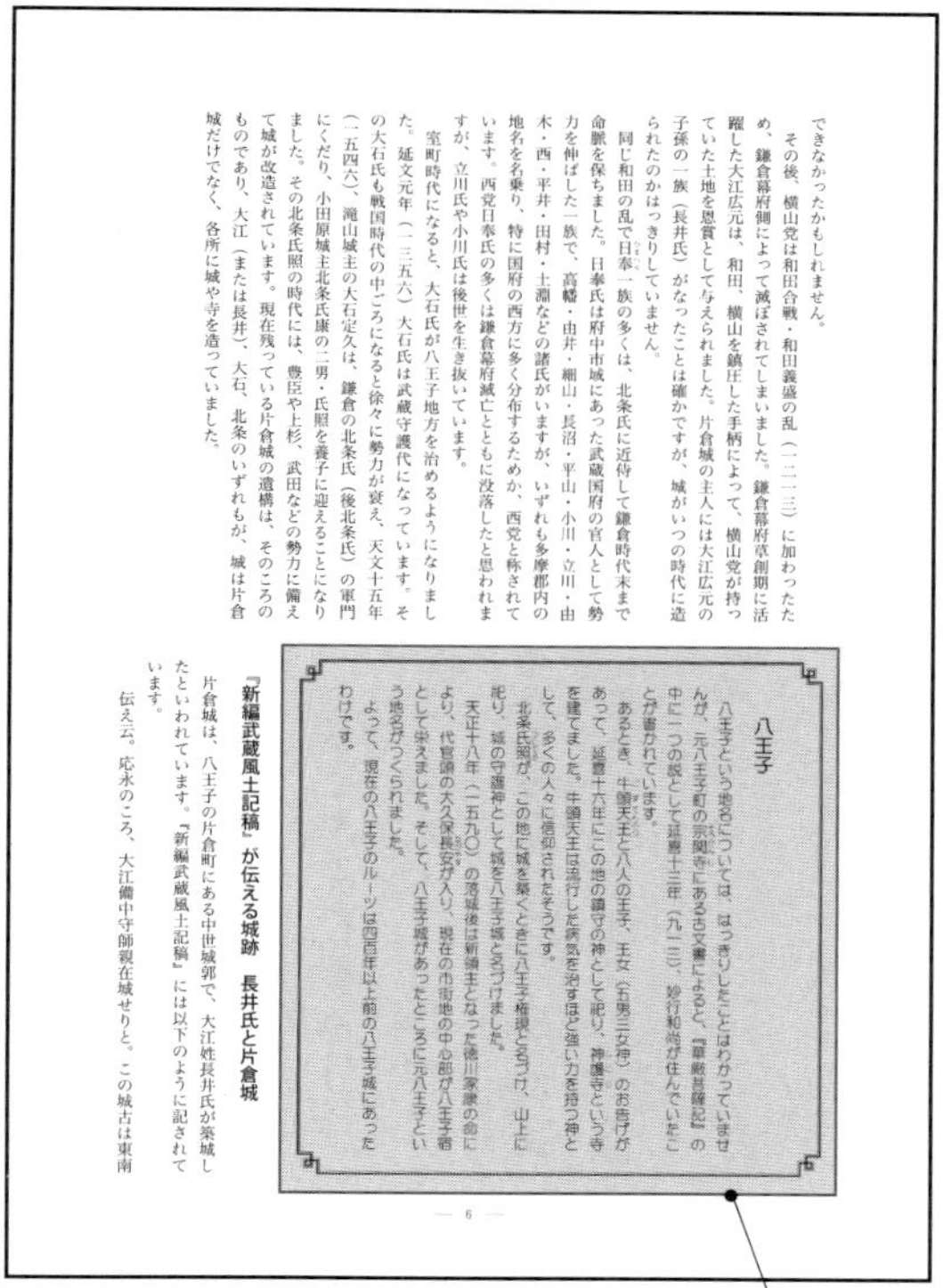

コラムの例

コラム

◆写真・イラスト・図表

写真などは、本文の前にまとめて載せる口絵（グラビア）と、本文の内容に合わせて組み込むものとがある。口絵はカラー、本文中はモノクロになるケースが多い。カラーが本文にとびとびで入るのは不経済なので、まとめて口絵ページに集約するわけだ。

本文中に挿入する写真・イラスト・図表は、タテ・ヨコの寸法を決めて、原稿のどの部分に入れるか指定する。トリミングの必要があるときは、どの部分を使用するかの指定も忘れずに。原稿段階でのトリミング指示は難しいため、まずは文字だけを組版してもらい、あとから写真や図の挿入指定を書き込んでいくスタイルだとやりやすいだろう。

写真は、紙焼きでもデジカメのデータでも、どちらでも扱ってくれる。ただし、データは高解像度での支給が求められる。解像度が低いと荒れた仕上がりになってしまう。紙焼きはデータ化するためのスキャニングが必要なので費用が余計にかかる。表に関しては、パソコンのエクセルでつくっておくとよい。もちろん、手書きでも構わないが、何事もデータがあると手間が省けるため、費用を抑えられる面がある。

デジタル編集により、配置、大きさ、形状は自由に変形が可能になった。校正時に位置の変更や差し替えができるので、最初からすべてをそろえる必要はない。

写　真

・カラーはまとめて口絵へ、本文はモノクロにするケースが多い

・デジカメデータは高解像度撮影を（300万画素以上、モードはハイや最高画質）

・スマートフォンでの撮影も同様に高解像度で

・紙焼きの写真やフィルム（リバーサルやネガ）でも入稿ＯＫ

・紙焼きやフィルムはパソコンに取り込むためのスキャン作業が必要

・写真に付箋を貼って通し番号を振り、本文の指定位置にも同じ番号を付す

図　表

・なるべくデータで作成すること

・手書きでもいいが、入力費用が別途かかる

・本の実サイズを考えてつくること

イラスト

・手書きの場合はスキャンが必要

・家庭のプリンタのスキャンで取り込んでもＯＫ（高解像度でのスキャンが必須）

⑥校正、⑦校了

以上、編集が済めば、組版・印刷・製本の一切を、印刷所で責任をもって進めてくれるが、著者には校正という大事な作業が残っている。校正とは、印刷所で組み終わった組版データが、原稿や諸指定と違っていないかを確認し、誤りを直していく作業のことである。

校正の責任は、発注者（著者）がもつ場合と受注者（出版社）がもつ場合とがある。自費出版は、発注者が校正の責任をもつのが普通である。いずれにしても、著者が一度も目を通さずに出版してしまうことは考えられないので、最低一度は見ないわけにはいかない。印刷してしまってから間違いに気づいてもどうにもならないので、丁寧にじっくりとチェックする。特に、見出し・人名・地名・年号・重要事項などを確認する校閲に注意したい。

校正は、初校、二校など必要に応じて数回して、完璧になったら校了となる。修正する文字も丁寧に赤ペンで書いて、オペレーターに修正の意志を分かりやすく伝える（図12）。昔から「校正恐るべし」ということばがある。文章を読んでいると、一字脱落とか、当て字、とくにパソコン入力の変換ミスによる同音異義語などに気がつかないことがある。著者一人では完全な校正は無理と考えて、他人の目をわずらわす方がよい。

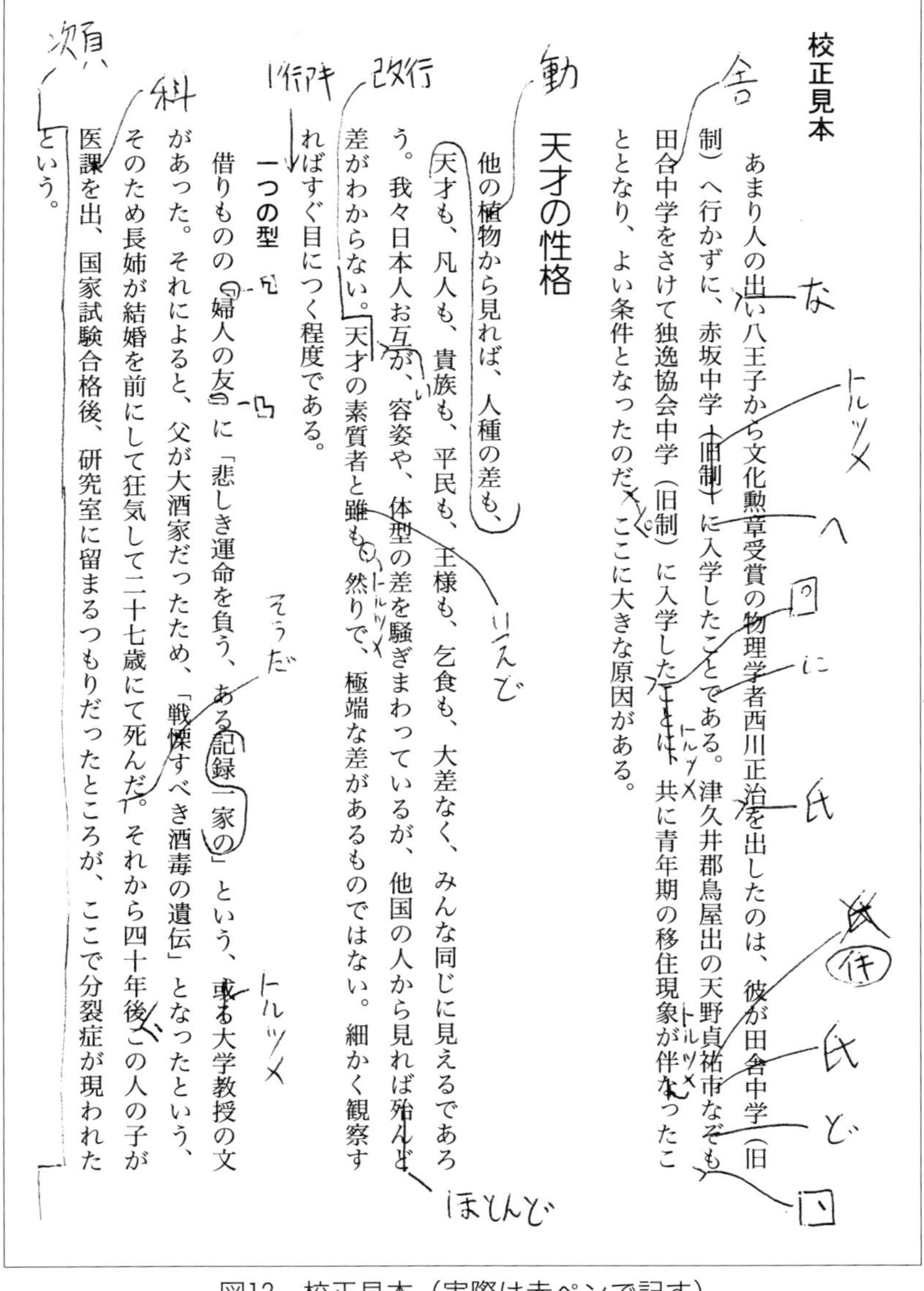
校正見本

あまり人の出い八王子から文化勲章受賞の物理学者西川正治を出したのは、彼が田舎中学（旧制）へ行かずに、赤坂中学（旧制）に入学したことである。津久井郡鳥屋出の天野貞祐市なども田合中学をさけて独逸協会中学（旧制）に入学したことは共に青年期の移住現象が伴なったこととなり、よい条件となったのだ。ここに大きな原因がある。

天才の性格

他の植物から見れば、人種の差も、天才も、凡人も、貴族も、平民も、王様も、乞食も、大差なく、みんな同じに見えるであろう。我々日本人お互が、容姿や、体型の差を騒ぎまわっているが、他国の人から見れば殆んど差がわからない。天才の素質者と雖も、然りで、極端な差があるものではない。細かく観察すればすぐ目につく程度である。

一つの型

借りものの「婦人の友」に「悲しき運命を負う、ある記録一家の」という、或る大学教授の文があった。それによると、父が大酒家だったため、「戦慄すべき酒毒の遺伝」となったという、そのため長姉が結婚を前にして狂気して二十七歳にて死んだ。それから四十年後この人の子が医課を出、国家試験合格後、研究室に留まるつもりだったところが、ここで分裂症が現われたという。

図12　校正見本（実際は赤ペンで記す）

『凱旋門』

鹿島昭二さん

当時三十才の娘に、私は、「お父さん、終戦の頃なにしてたの？」と聞かれた。一九九六年、戦後五十一年目の夏のことであった。日頃、反戦・平和の書物や新聞雑誌の記事を興味を持って読んでいたので、私を戦争中からの反戦主義者とでも思ったのだろうか。しかしその頃の私は十八才で軍国飛行少年だったのだ。そうだ、考えてみたら自分の子どもたちに五十一年前のことを話したことなどなかったのだ。それは日本が世界を相手に戦った戦争で敗北したという一大激動期であり、思想的には、全体主義的考え方から個人を大切にする民主主義的なものの考え方に転換してゆく時代だった。

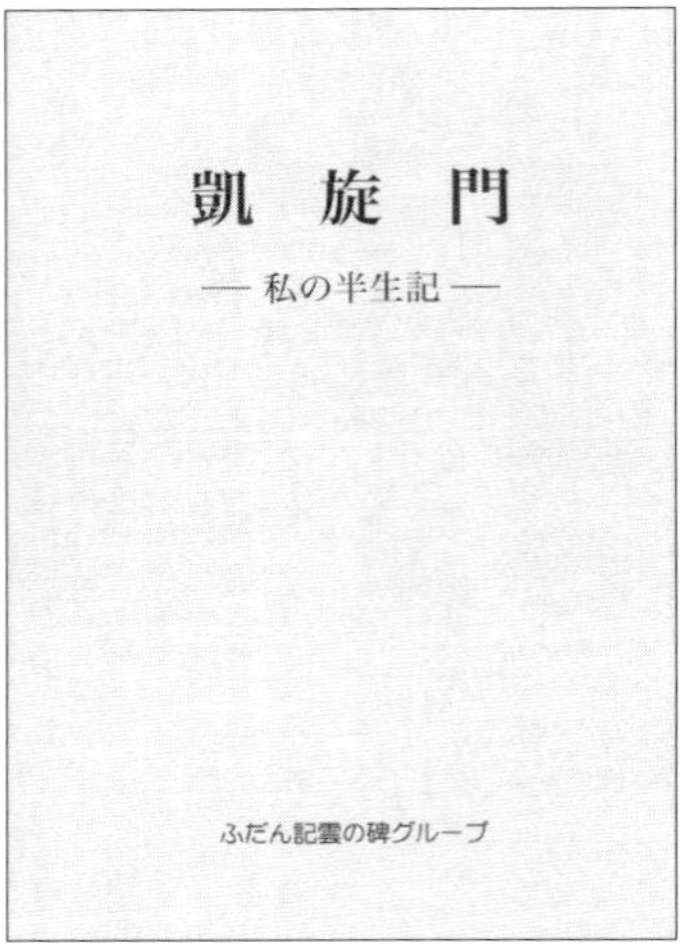

こういう出来事を青春の真只中で過ごした私は、この経験を書き遺し、後世に伝えるべきだと思い、書き始めた。次第に自分史を発行することも大切だと思うようになっていった。十八才の思い出に飽き足らず、生まれてから結婚するまでを書き遺そうと考えた。こうして二〇〇四年、自分史『凱旋門』が清水工房から出版された。五年後には続編も出した。これには中央アジアの旅行記も入っている。

（『揺れながら、清く』より抜粋）

『私の花束』など

長谷川道子さん

『私の花束』 小学校の作文や詩集、入社二十五年の四十五歳までに発表した作品をまとめた一冊。「水入らず仲間集」など、香川節先生が考えてくださったタイトルのなかから、皆さんを花に束ねてこれを選びました。私の初自費出版です。

『蝶の羽音』 父の十三回忌に本をと考えていた矢先、弟が夢で父に会い、「第二歌集、出しますか？ それとも文章がいいですか」と尋ねたら、「文章がいい」と回答。嬉しくなってまとめた散文集。

『詩画集 樹の道』 三好亜樹氏との共著。還暦と定年退職祝いの記念の一冊。尾崎文英先生に編集をお願いして、短歌と詩、絵をまとめ、置き土産としました。

『句画集 峡の道』 信州地獄谷温泉行十三年の記録集。「後楽館」の大女将で俳人の竹節春枝さんと、尾崎先生の俳句色に染まって作ってみた百句。

『草つ月』 亡き父・長谷川源司生誕百年の記念集。父と私の寄せ書き色紙に想い出を綴りました。弟との共著。

（「はちとぴ19号」より抜粋）

⑧印刷

まずは用紙について記す。用紙は校正の途中で選ぶ場合が多い。校正時は本の内容に集中しているため、紙選びは疎かになりがちだが、本の外観を決める重要なポイントなので、しっかりと選びたいところだ。それに、印刷に使われる用紙は星の数ほどあり、そこから自分好みのものをチョイスするのも楽しい作業である。ここでは、本文用、口絵用、その他（扉・見返し・表紙・カバー・帯・箱用）に分けて見ていく。

その後、印刷形態を説明する。印刷の種類は、版の型から、主に、凸版・凹版・孔版・平版の四つに大別できる。

本　　文

日頃私たちが目にする印刷物の大半は上質紙で、文房具店などでは模造紙といえば分かる紙である。自費出版といえば上質紙がほとんどだったが、白すぎて、長い文を読むと目がつかれるなどの理由から、最近では書籍用紙が多く用いられるようになっている。うすいクリーム色かピンク色がかっていて、上質紙より手ざわりがやわらかく、読む時に本が開きやすい。厚さは55キロか70キロ相当が多いが、詩歌、句集などではやや厚めの90キロぐらいを使用して、束（本の厚み）を出す人もいる。写真や絵画中心の出版ではアート・コート系、マット系の用紙が中心となる。

口　　絵

写真や絵を印刷するので、コート紙、アート紙と呼ばれる、白くてツヤのある紙が多く用いられる。最近では意識的に、ツヤのないマット紙を使う人も増えている。これらの紙は、印刷が美しくなるように表面に特殊なコーティングが施してあり、その分、重い。本文用紙と同じくらいの厚さがほしいときは、一回り重くするとよい。

その他

扉・見返し・表紙・カバー・帯・箱の用紙は種類が多すぎて、ここで簡単に説明することはできない。日頃から身のまわりの出版物などに気を配って、配色や紙質などの好みを決めておくとよい。最終的には用紙見本を見ながら相談して決定するわけだが、目移りしてなかなか決断がつかないものである。また、これがいいと思った用紙も、昨今の合理化の流れの中で、廃番になっている製品や型番もある。都度、紙屋さんに問い合わせてもらって、納得のいくものを選びたい。

本の顔ともなる表紙やカバーの用紙は、デザインとも関わりながら決定していく。デザインをどうするかは悩みの種でもあり、楽しみの一つでもある。自分で使いたい写真や絵などが用意できれば、編集者と相談しながらつくり上げていくことも可能だ。または、ブックデザイナーなど専門家に装幀一切を依頼する方法もある。多少経費はかかるが、自分のつくりたい本のイメージだけを伝えておけば、デザインから用紙の選定・配色まですべてをやってもらえる。

凸版印刷（活版印刷）

グーテンベルク以来の印刷方法で、活字の凸の部分にインキをつけて、紙に転写する。発行部数の多い市販の単行本などは活版印刷が多かった。今でも完全になくなったわけではないが、設備面などの条件で、多ページ少部数の自費出版向きではない。予算に余裕があり、味わいのある本を出したい方にはよいだろう。

凹版印刷（グラビア印刷）

版の凹んだ部分にインキをためて、その深さで濃淡をつける印刷。文字印刷より写真などの印刷に適している。ファッション雑誌や、週刊誌の写真ページなどに多く利用されている。雑誌や書籍の写真ページのことを、グラビアページと呼ぶのもこのためである。大量の印刷方式のため、自費出版向きとはいえない。

孔版印刷（シルクスクリーン・ガリ版印刷）

版に孔をあけ、インキをにじませる印刷。目の荒い絹布にインキを透す部分と非透過部をつくって印刷する。いわゆるガリ版印刷でおなじみだった。学校などにある印刷機も同じ原理。紙以外のガラスや金属版にも印刷ができることから、商業用としての用途が多い。

平版印刷（オフセット印刷）

水と油が相反発してなじまない特性を利用した印刷方式。オフセットは、平らな版の上に水と油（インキ）を与えて、印字部分だけにインキがつくよう化学処理をしてある。平らな版の上にのった水と油（インキ）の、インキ部だけをゴム胴に転写してから紙に印刷する。現在、印刷の主流である。

オフセット印刷には版下（原版）が必要な時代が長く続いた。基本的には白い紙に黒で印字されている（書かれている）ものならなんでもよく、それを白黒写真の原理でフィルムに撮影して印刷用の版につくりかえていた。版下は主に写真植字（写植）で作っていたが、自費出版などページ数の多いものはタイプレスの清打ちなども使用していた。パソコンの普及とともに電子組版・電算写植の時代を経て、現在のＤＴＰへと変遷してきた。

いまでも簡単に自費出版をしようとすれば、手書きの原稿やワープロで打ち出して作成した版下からダイレクトに印刷することもできる。ただ、世の中の流れはＤＴＰのデータをそのままオフセット印刷の版にしてしまうＣＴＰの時代へと移っている。よって、オフセット印刷が自費出版の主流である（少部数に適するオンデマンド印刷は後述）。

⑨製本

製本には洋装本・和装本とあるが、いまはほとんどが洋装本となっている。その洋装の中にもフランス装や南京装などもあるが、手仕事に頼る部分が多いため、製本会社で敬遠されがちで、今はほとんど見かけない。

現在の製本は洋装本のうち、並製本と上製本の二種類に大別できる。週刊誌などのように、表紙と本文を一緒に背のところで針金止めする「中綴じ」もあるが、安っぽく見えるため、ふつうの書籍ではほとんど利用しない。

上製本、並製本のどちらにもいえるが、カバー（あるいは表紙）にＰＰ貼りという保護膜を張ると、汚れ防止や保存の面で有利になる。安価に抑えたい場合は、ニス引きという方法もある。ぜひ専門家に尋ねてみてほしい。

◆製本の種類

上製本（ハードカバー）

ボール紙を芯にして、布クロスや印刷した紙を貼り、堅い表紙に仕上げる。布クロスに印刷するのは無理なので、金や銀の箔押しで題字をプレス加工する。中身を保護するために、表紙の方が本文より少し大きくなっていて、豪華に見える。糸でかがるので開きがよい。背中の部分が堅く角張っているのが「角背」、柔らかく丸みのあるのを「丸背」と呼ぶ。ほとんどがカバーか箱をつけてさらに豪華に仕上げる。費用はかさむが、詩・歌・句集などを中心に増える傾向にある。耐久性があり、長期の保管にも適している。

並製本（ソフトカバー）

本文を直接表紙でくるみ、一緒に断裁する。本体と表紙は同じ大きさに仕上がる。上製本と同じように本体を糸でかがれるが、費用、納期などの条件で、一般には専用接着剤で固めた「無線綴じ」が多い。最近では、無線綴じでも開きの良いＰＵＲ製本も登場している。ただし、画集や写真集のように、表面がコート加工してある厚い紙を利用している場合は糸かがりにした方がよい。接着剤だと開きが悪く、無理すると本が割れてしまう。他にアジロ製本やがんだれ製本もある。製本方法は編集者と相談しながら進めよう。

⑩配本・販売

ほとんどの自分史は、親戚や友人・恩人あるいは所属している団体の人たちなど、人生で様々な影響を受けた人たち（つまり面識のある人たち）に配本して読んでもらうことを目的に出版されている。発送まで代行してくれる出版社・印刷会社もある。書籍を送付するために、ボール紙で頑丈につくられた専用封筒もある。一通り配本が終わるころ、読後感のお便りが届きはじめる。中には思わぬ人との出会いや再会があったり、地域セミナーの講師をお願いされて人生の新たなステップになったりもする。国会図書館は永久保存してくれるので必ず寄贈し、近隣の図書館にもなるべく納本しておこう。

広く読者を求めたい人は、本が出版されたら新聞社の地方支局などに送ってみる。地域性のあるものや、社会・歴史・文化といった分野で意義深いと判断されれば紹介記事になったりもする。中には歴史的価値や、地域の記録性などを評価されて、千冊、二千冊と売れた本もある。ある婦人が、自分の住む島の生活を詩に綴り出版したところ、その島の観光協会から何百冊もの注文がきたこともあった。

さらに著者個人の宣伝活動として、本の内容に関係した団体などに送ってみるのもいいし、ホームページを持っていれば関連するサイトにリンクしてもらうのもよい。フェイスブックやツイッターといったＳＮＳ（ソーシャル・ネットワーキング・サービス）を利用して、ネット上でどんどん宣伝していくのも手だ。

書籍を売るには、値段を決めてＩＳＢＮコードを取得し、専用のＪＡＮコード（いわゆるバーコード）を入れる必要がある。書店は、コードのないものでも扱ってくれる場合もあるが、多くは直取引を好まない。本ごとに著者や出版社と契約していては無駄が多いためだ。そこでトーハンや日販、地方小出版流通センターなどの取次店が登場する。出版社を通じてそうした取次店に流してもらい、書店から注文が入るように働きかけよう（図13）。

ただし、地域性のあるものか、よほどの社会性のあるもの以外は、たとえその自分史が書店で棚置きされたとしても、著者が期待するほど売れるものではないことを認識しておきたい。そもそも、名の通ったタレントやスポーツ選手ならいざ知らず、まったく無名の人の人生を、本を買ってまで読みたいと思う人は稀である。過剰な期待をしないで、手元に十冊程度が残り、いつか増刷できればいいなあくらいに構えているのが上手な自分史づくりといえる。

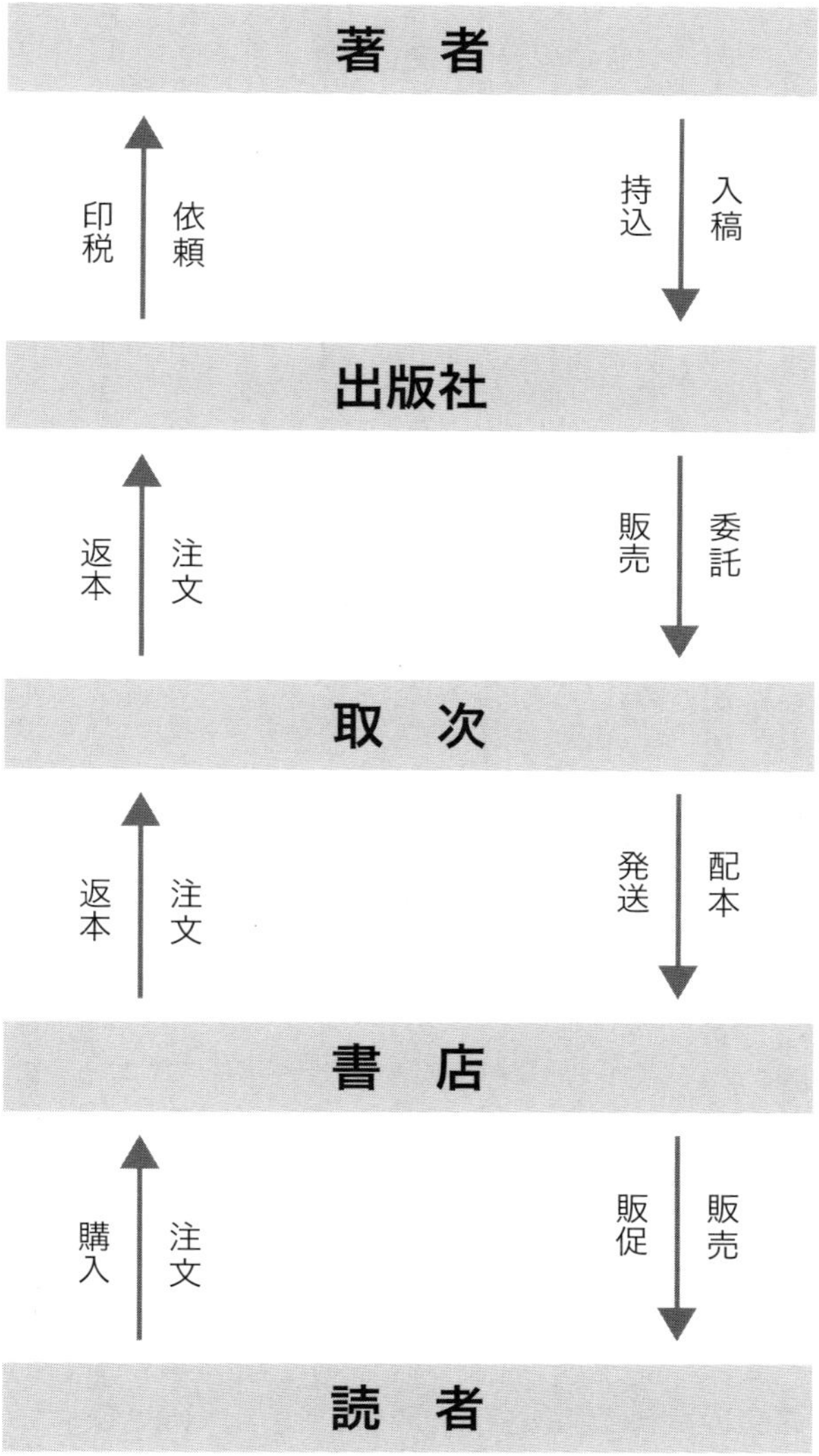

図13　一般的な書籍流通の仕組み

デジタル時代の自分史

パソコンの普及によって、印刷を取り巻く環境は一変した。最近の年賀状印刷がいい例である。パソコンで個性豊かにつくったデータを家庭用カラープリンタで出力し、一人ひとりの宛名まで印字してしまう時代となった。それさえも億劫となり、メールやSNSで新年のあいさつを済ませる人たちも増えてきた。

自費出版でも状況は同じで、パソコンの文書作成ソフト（多くはワード）でつくったデータをそのまま印刷することができるようになった。自分でつくったデータを手持ちのプリンタで出力して製本する人もいるほどだ。印刷すらせず、データとして持ち歩き、スマートフォンでデータをやり取りする人もいる。こうなるともはや出版とは呼べないだろう。

とにかく読めればいいならそれでもよいが、多くの人に読んでもらいたい、後世に残したい、あるいは販売したいというような、一定以上の品質が求められる出版は、どうしても専門家との協力態勢が必要になってくる。本を出す経験は一生に何度もできるものではない。どこに出しても恥ずかしくない著作に仕上げたいものである。

さて、ワードや一太郎などのワープロソフトでつくられた原稿をそのまま出版社、印刷会社に持ち込むことを「データ入稿」という。デジタル入稿されたものは、主に二つの方法で印刷できるようになっている。その一つはCTPによるオフセット印刷である。CTPは、従来の製版が版下かコンピュータのデータをフィルムにし、それを印刷用の版に焼き付けていたのに対して、デジタルデータから直接刷版を作ってしまう方式である。オフセット印刷の工程が簡略化されたことで、コストダウン・短納期が実現し、自費出版がより身近になった。

もう一つはオンデマンド印刷である。オンデマンドは出力機にデータを読み込ませておけば、いつでも必要なときに必要な部数を印刷することができるシステムである。オフセットは高品質ではあるが、一冊つくっても千冊つくっても工程は同じなので、少部数だとどうしても割高になってしまう。その点オンデマンドは、一度データを作成しておけば一冊ずつつくることができるので、少部数のときにはコスト面でかなり優位となる。その境目は二百部程度といわれる。現在のオンデマンド印刷は、厳密にいうと印刷ではなく、トナーやインクジェットでのプリント出力であり、品質ではオフセット印刷にやや劣る。だが、進化はめざましく、近い将来、オフセット印刷と同程度か、あるいはその上をいくオンデマンド印刷が可能となり、自費出版の主流となるかもしれない（図14）。

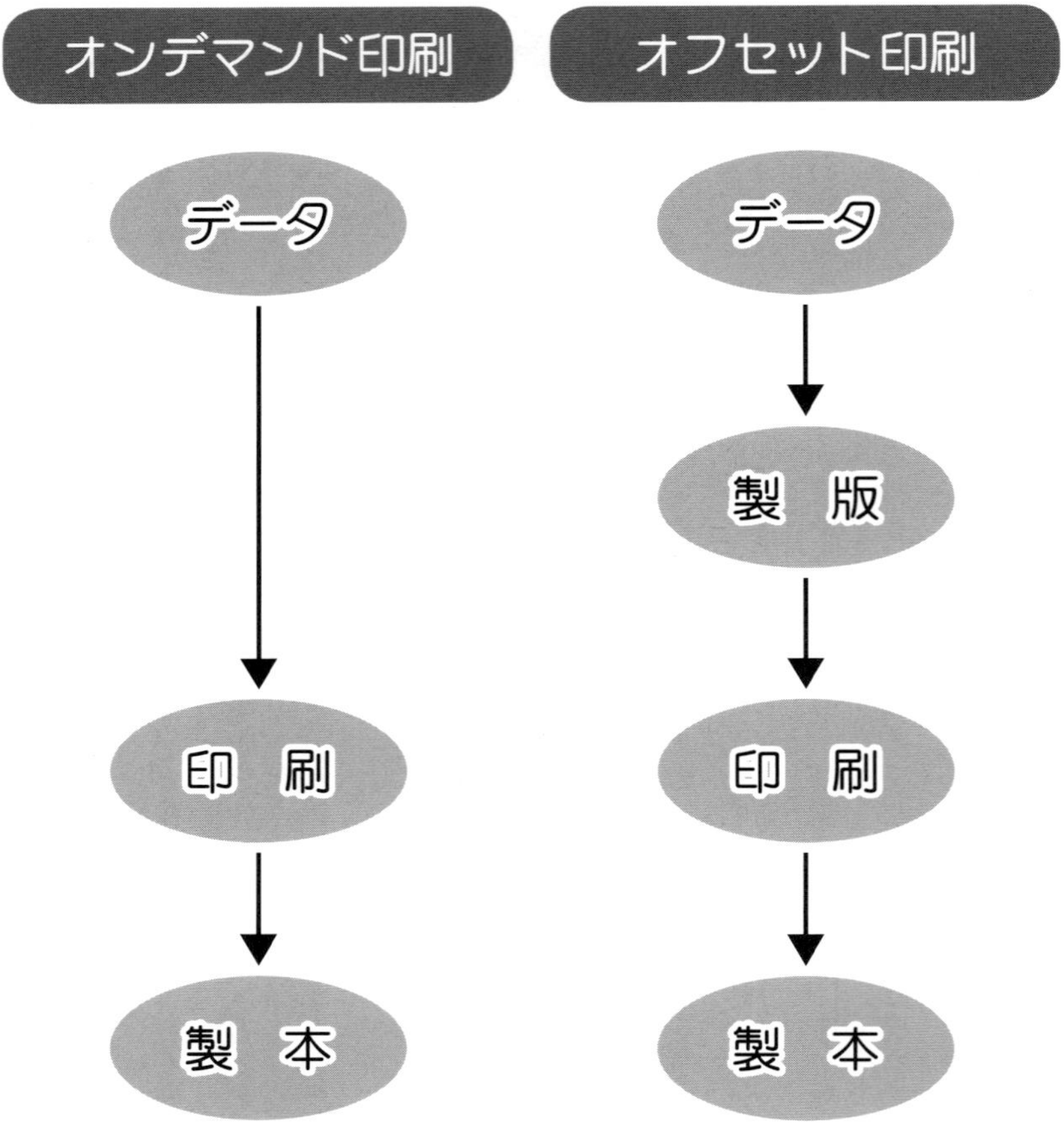

●少部数（200冊くらいまで）
●中品質
●版が不要なため低コスト
●納期がさほどかからない

●多部数（200冊以上）
●高品質
●版を必要とするためコスト高
●納期がわりとかかる

図14　オフセット印刷とオンデマンド印刷の違い

データを印刷会社や出版社などに持ち込んだ際に、パソコン同士の互換性の問題から、様々なトラブルが発生する。

一番多いのは、フォント（文字）が化けてしまうケースである。文字化けにも二通りある。一つは文字そのものが化けてしまう問題。もう一つは、文字の位置がズレてしまうことである。

次に考えられるのが、体裁のズレである。画像がどこかに飛んで見えなくなってしまったり、見出しが他の書体に置き換わったり、本来のレイアウトが変形してごちゃごちゃになってしまったりもする。

なぜそのような現象が起きるのか。原因はいろいろ考えられるが、データを作ったパソコンと出力環境の違いが大きい。ただ、自分のパソコンと相手のパソコンの環境を全く同じにするのは不可能なので、文字化けや体裁の崩れをある程度予測しておいて、その中で具体的にどう対応していくのかを考えたい。

自分で本格的に本をつくるためには、やはりＤＴＰ専用ソフトの使用をお勧めする。仕上げたデータを「アウトライン化」することができるからである。アウトライン化とは、文字を画像にしてしまうことをいう。文字が絵として認識されているデータであれば、他のパソコンに移動しても、文字化けやレイアウトが変わってしまうことはないと考えてよい。そのかわり修正もできないので、完全なデータにしてからアウトライン化しなければならない。
ウィンドウズ用で市販されている汎用ソフトでは、アドビ社の「イラストレータ」と「インデザイン」などがある。「インデザイン」はページレイアウト専用ソフトで、少し勉強すれば簡単に使えてプロ並みの組版ができるので非常に便利である。「イラストレータ」はどちらかというとデザイナー向きである。

ワード・一太郎の場合は、データづくりを始める前に出版依頼をする業者と相談の上、ハード、ソフト、フォント、プリンタドライバなどの互換性を確認しておくようにする。また、いまでは、互換性のないデータでもPDF化することで他のハードに移動することができるようになってきている。PDFとは、データを開く環境が変わっても、フォントや画像、レイアウトを元のまま表示して印刷できる保存形式である。これまでは、PDF化するためには有料の専用ソフトが必要だったが、最近ではワードや一太郎に、保存の際にPDF化できる機能が備わっているので、ぜひ試してもらいたい。ただし、現状ではPDFといえども百パーセント信用できるものではないので、最終校正などのチェックは欠かせない。

きれいな本づくりのためには、画像のデータにも注意が必要である。一般にデジカメのデータは光の三原色であるＲＧＢ（赤、緑、青）で成り立っているが、印刷は色の三原色に黒をプラスしたＣＭＹＫ（シアン、マゼンタ、イエロー、黒）の四色を掛け合わせておこなうので、データをＣＭＹＫに変換しなければならない。セミプロのような方でも、この点の見落としが非常に多い。

ワードや一太郎は写真データをＲＧＢで認識しているため、そのままＣＭＹＫに強引に変換して印刷すると、どうしても色ズレという現象が起きる。色にこだわるのであれば、先に挙げたインデザインでの組版を推奨する。そして、写真データをすべてＣＭＹＫに変換して使用する。画像の加工には、アドビ社の「フォトショップ」が有効である。

そのほか、画像をきれいに再現するには、ハイライトやシャドウの明るさ、画像サイズの問題などもある。かなり専門的になるので、専門家にアドバイスをもらいながら制作してほしい。いまのところ、データ上では画像のスペースだけを空けておいて、スキャニングも含めて、画像サイズ、コントラスト、色調整などを印刷会社に任せてしまう人がほとんどである。

費用

原稿を出版社・印刷会社に入稿する前に、必ず概算の見積りを取っておくとよい。それも数社でお願いするのが望ましい。安ければよいというわけではないが、同じ本でも会社によっては得意不得意があって、それによって値段が大きく異なったりする。また、編集者に会って、自分と波長が合うかどうかも重要である。多少、高くついても、信頼できる編集者にお願いした方が、あとあと後悔しないで済むだろう。その後、ほとんどの作業が進んで、ページ数や装幀などあらかた決定した段階で、何部でいくらというような最終的な見積りをとるとよい。

印刷の見積りは、印刷部数に関係なく製作しなければならない「版」などの部分と、何冊作るかで変動する紙代や製本代の部分から成り立っている。前者を固定費、後者を変動費と呼んでいる。極端な言い方をすれば、固定費は一冊でも千冊でも同じだけかかってしまう。その固定費に、部数によって変化する変動費がプラスされる。したがって少部数の時は単価が高くなる。以下に料金の参考例を掲載しておく。あくまでも参考料金である。原稿量やページ数、入稿方法、出版形態による変化を知る目安としてほしい。

料金の参考例　（消費税別）

※本の仕様は、右下の表以外、本文と表紙のみでモノクロ印刷
※用紙はごく一般的なものを使用
※条件によって金額に大きな差が出る場合があります

オフセット印刷

デジタルデータ（PDF入稿）

並製本	B6判100頁	A5判100頁
100冊	16万円	17万円
300冊	19万円	20万円

並製本	B6判200頁	A5判200頁
100冊	28万円	29万円
300冊	31万円	35万円

手書き原稿（テキストデータ10％引き）

B6判100頁（400字原稿用紙130枚）		
	並製本	上製本
100冊	30万円	39万円
300冊	34万円	52万円
500冊	38万円	72万円

B6判200頁（400字原稿用紙260枚）		
	並製本	上製本
100冊	58万円	63万円
300冊	64万円	81万円
500冊	70万円	92万円

A5判100頁（400字原稿用紙200枚）		
	並製本	上製本
100冊	36万円	45万円
300冊	40万円	58万円
500冊	43万円	71万円

A5判200頁（400字原稿用紙400枚）		
	並製本	上製本
100冊	66万円	75万円
300冊	71万円	88万円
500冊	75万円	101万円

オンデマンド印刷

デジタルデータ（PDF入稿）

並製本	B6判100頁	A5判100頁
10冊	5万円	6万円
50冊	7万円	8万円
100冊	9万円	10万円
200冊	14万円	15万円

並製本	B6判200頁	A5判200頁
10冊	9万円	10万円
50冊	11万円	12万円
100冊	15万円	16万円
200冊	24万円	26万円

手書き原稿（テキストデータ10％引き）

並製本	B6判100頁	A5判100頁
50冊	20万円	23万円
100冊	23万円	26万円

並製本	B6判200頁	A5判200頁
50冊	39万円	42万円
100冊	42万円	47万円

デジタルデータ（PDF入稿・フルカラー）

A4判変形　カバーカラー印刷		
並製本	32頁	48頁
30冊	8万円	11万円
50冊	10万円	14万円
100冊	13万円	21万円

八王子の社会運動家・橋本義夫氏は、青年たちに良書を読ませようと、一九二八年に書店「揺籃社《ようらん》」を開店しました。名称の由来は、スイスの教育家・ペスタロッチの「揺籃《ゆりかご》を動かすものが世界を動かす」という言葉からとられています。揺籃社は多摩地方の文化センター的な役割を担うようになっていましたが、空襲により焼失してしまいます。

戦後に橋本氏の起こした「ふだん記」運動と深く関わってきた清水工房は、八王子の文化の中心にあったかつての揺籃社の名前を頂戴し、一九八四年に出版部門として「揺籃社」を立ち上げました。いわゆる商業出版・企画出版と呼ばれる本を扱っています。

橋本義夫氏が経営していた書店揺籃社

現在、揺籃社が扱う書籍は八王子や多摩の歴史・文化に関わる本がほとんどで、世界を動かすまでにはなかなか至っていませんが、多くの読者の心を動かす本づくりに、誠心誠意、取り組んでいます。

現在の清水工房（揺籃社）

※なお、清水工房では、揺籃社で扱わない本（値段をつけない本、販売しない本）も制作しています。

自分史書き込み式年表

	1913（大正2）年	1914（大正3）年	1915（大正4）年	1916（大正5）年
年表	2月 海軍大将山本権兵衛内閣成立 7月 大杉栄・荒畑寒村らサンディカリズム研究所を結成する 10月 満蒙五鉄道の敷設権を中国から獲得	1月 シーメンス事件（海軍高官の収賄事件） 4月 第二次大隈重信内閣成立 7月 第一次世界大戦始まる 8月 日本、世界大戦に参戦 11月 東京駅が完成する	5月 日華新条約調印（米英仏露の干渉） 8月 金環蝕（東京の日蝕） 12月 大正天皇即位大礼式（京都、紫辰殿）	1月 大隈重信首相が狙撃される 10月 陸軍大将寺内正毅内閣成立 11月 葉山日蔭茶屋事件（大杉栄、神近市子に刺される）
世相（芸能・スポーツ他）	○島村抱月、松井須磨子芸術座創立 ○森永の箱入りキャラメル発売 ○本『阿部一族』森鷗外『赤光』斎藤茂吉『銀の匙』中勘助『桐の花』北原白秋 ○歌『ドンドン節』『故郷』『朧月夜』	○芸術座『復活』を初演、松井須磨子の『カチューシャの唄』が流行する ○本『こころ』夏目漱石 ○東京、三越にエスカレーター出現 ○初の色彩映画『義経千本桜』上映 ○歌『カチューシヤの唄』	○女学生のブルマ、カフェの白エプロン大流行 ○第一回全国中等学校野球大会開始 ○「かめのこたわし」が特許を取得する ○本『山椒太夫』森鷗外 ○歌『恋はやさし』『乾杯の唄』	○金紗のお召流行 ○本『出家とその弟子』倉田百三『高瀬舟』森鷗外『鼻』芥川龍之介 ○活動写真 目玉の松ちゃんの『自雷也』、チャップリン喜劇人気集める ○歌『ゴンドラの唄』
あなたの年表				

1917（大正6）年	1918（大正7）年	1919（大正8）年	1920（大正9）年
3月　ロシア、三月革命 5月　極東オリンピック大会（日本） 10月　東京大暴風雨（死者七七〇人） 11月　ロシア、十一月革命（ソビエト政権成立）	8月　米騒動（一升五〇銭を突破） 政府、シベリア出兵を宣言 9月　原敬内閣が平民宰相として政党内閣となる 11月　第一次世界大戦終わる	1月　ベルサイユ講和条約調印 2月　普通選挙獲得運動がおこる 3月　浅間山大爆発 5月　東京遷都五〇年祭 10月　東京・大阪間郵便飛行 12月　蒸気機関車D51型が完成する	1月　国際連盟成立、正式加入 3月　尼港事件 4月　金融恐慌 5月　第一回メーデー 10月　第一回国勢調査実施
○千葉駅で伯爵夫人と運転手が心中 ○米価、綿糸暴騰 ○浅草のオペラ大盛況 ○本『父帰る』菊池寛 ○映画『大尉の娘』 ○流行語「きょうは三越、あすは帝劇」	○スペイン風邪が世界的に大流行 ○義務教育を国庫負担とする法が公布される ○本『赤い鳥』鈴木三重吉創刊 ○映画『生の輝』『深山の乙女』 ○歌『ノンキ節』『浜辺の歌』	○スペイン風邪の死者、一五万人を数える ○本『友情』武者小路実篤『改造』創刊 ○歌『パイノパイ節』『背くらべ』 ○流行語「デモクラシー」「成金」	○八幡製鉄所職工の大ストライキ ○初のメーデーに五、〇〇〇人参加 ○大活、帝キネ、松竹キネマの各社創立 ○本『惜しみなく愛は奪ふ』有島武郎 ○映画『島の女』 ○歌『ゴンドラの歌』『叱られて』

	年表	世相（芸能・スポーツ他）	あなたの年表
1921（大正10）年	4月 借地法・借家法・国有財産法公布 11月 首相原敬、東京駅で刺殺される 高橋是清内閣成立 皇太子裕仁親王摂政に就任 12月 日英米仏の四国条約が成立する	○柳原白蓮が炭鉱王と別れ青年に走る ○東劇、歌舞伎座焼失 ○夏、かすり夏衣、冬、耳かくし流行 ○本『暗夜行路』志賀直哉 ○歌『船頭小唄』『赤とんぼ』 ○流行語「プロレタリア」「二枚舌」	
1922（大正11）年	3月 平和博覧会開催（上野） 4月 ソ連、スターリン党書記長に就任 4月 健康保険法が公布される 6月 海軍大将加藤友三郎内閣成立 7月 日本共産党結成	○ダンス、婦人の断髪流行する ○帝国ホテル完成する（ライト設計） ○本『週刊朝日』『サンデー毎日』創刊 ○映画『忠臣蔵』『京屋襟店』 ○歌『篭の鳥』『靴が鳴る』 ○流行語「赤化」「恋愛の自由」	
1923（大正12）年	4月 郡制廃止 6月 第一次共産党の大検挙 9月 関東大震災（死者九〇、〇〇〇人） 第二次山本権兵衛内閣成立 甘粕大尉が大杉栄を殺害する 12月 虎の門事件（皇太子が狙撃される）	○関東大震災後、流言により朝鮮人虐殺 ○東京駅前、丸ビル竣工 ○毛糸の正チャン帽流行 ○歌『枯すすき』『夕焼こやけ』 ○流行語「アナーキスト」	
1924（大正13）年	1月 清浦奎吾内閣成立 6月 加藤高明内閣成立 7月 メートル法実施 10月 陸上競技場完成（神宮） 12月 小作調停法が実施	○ロダンの『接吻』問題になる ○本『痴人の愛』谷崎潤一郎『伸子』宮本百合子 ○映画『篭の鳥』『清作の妻』 ○歌『ストトン節』『篭の鳥』 ○流行語「ノンキナトウサン」	

年	出来事	世相・文化	
1925（大正14）年	4月 治安維持法公布 5月 普通選挙法公布 7月 東京放送局放送開始 8月 第二次加藤高明内閣成立 9月 国会議事堂が焼ける 12月 農民労働党が結成される	○不景気で大学の中退者が続出する ○女学生のセーラー服流行 ○麻雀流行 ○大日本相撲協会が設置される ○東京六大学野球はじまる ○歌『待ちぼうけ』『あの町この町』	
1926（大正15・昭和元）年	1月 若槻礼次郎内閣成立 5月 北海道十勝岳噴火（死者一四四人） 8月 日本放送協会（ＮＨＫ）設立 12月 大正天皇崩御、摂政裕仁親王、昭和と改元	○松島遊廓事件など怪事件続く ○自動式電話出現 ○文化住宅、アッパッパ、円タクなど流行 ○本『伊豆の踊り子』川端康成 ○映画『足にさわった女』『陸の人魚』	
1927（昭和２）年	3月 北丹後地震（死者三、五八九人） 4月 田中義一内閣成立 7月 芥川龍之介服毒自殺 11月 初の明治節 12月 上野―浅草間に初の地下鉄開通、運賃は一〇銭	○大衆小説、大衆食堂など「大衆」をつけた言葉が流行 ○小田原急行電車が開通する ○本『河童』芥川龍之介 ○映画『彼をめぐる五人の女』『忠次旅日記』『人形の家』『帝国ホテル』	
1928（昭和３）年	6月 関東軍による張作霖爆死事件 8月 パリ不戦条約調印 10月 東京―大阪間の旅客飛行 11月 昭和天皇即位式	○高柳健次郎、テレビジョンの公開実験に成功 ○ラジオ体操開始 ○歌『出船』『君恋し』『茶っ切節』	

年	年表	世相（芸能・スポーツ他）	あなたの年表
1929（昭和4）年	4月 共産党員一斉検挙（二九〇人） 6月 政府は中国の国民政府を承認する 8月 ドイツの飛行船が霞ヶ浦に着陸 9月 私鉄疑獄 10月 世界恐慌始まる 12月 東京市電争議でゼネスト決行	○説教強盗逮捕 ○寿屋が初の国産ウィスキーを発売 ○東京の午砲「ドン」がサイレンになる ○本『夜明け前』島崎藤村『蟹工船』小林多喜二 ○歌『東京行進曲』『モン巴里』	
1930（昭和5）年	1月 金輸出解禁を実施、輸出振興計る 4月 ロンドン海軍軍縮条約締結 5月 東京―神戸間、特急「つばめ」 11月 浜口首相、東京駅ホームで右翼に撃たれ重傷を負う 北伊豆地震（死者二五四人）	○スリの仕立屋銀次、現行犯で逮捕 ○水の江滝子、ショートカットで出演 ○佐藤春夫、谷崎潤一郎夫人と結婚 ○大塚に女子だけのアパート開館 ○歌『祇園小唄』『唐人お吉』 ○流行語「ルンペン」「アチャラカ」	
1931（昭和6）年	3月 三月事件（クーデター計画発覚） 4月 第二次若槻礼次郎内閣成立 6月 初の旅客機事故（日本空輸機） 9月 満州事変 10月 十月事件（クーデター計画発覚） 12月 犬養毅内閣成立	○北海道、東北地方大飢饉にみまわれる ○マンガ『のらくろ』連載はじまる ○「チンドン屋」、紙芝居『黄金バット』 ○日本初のトーキー映画『マダムと女房』 ○歌『酒は涙か溜息か』『侍ニッポン』 ○映画『モロッコ』『巴里の屋根の下』	
1932（昭和7）年	1月 第一次上海事変 5月 五・一五事件（犬養首相射殺） 海軍大将斎藤実内閣成立 7月 社会大衆党結党 ロサンゼルスオリンピック 9月 満州国承認	○坂田山心中「天国に結ぶ恋」話題 ○白木屋百貨店火事 ○歌『影を慕いて』『銀座の柳』 ○流行語「問答無用」「オケラ」	

1933（昭和8）年	1934（昭和9）年	1935（昭和10）年	1936（昭和11）年
1月 ドイツ、ヒトラー政権生まれる 3月 国際連盟脱退 三陸地震津波（死者三、〇〇〇人） 6月 丹那トンネル貫通 10月 リンゴ事件（早慶戦応援団衝突）	1月 共産党リンチ事件 3月 函館大火（死者二、〇〇〇人） 4月 帝人疑獄事件 7月 海軍大将岡田啓介内閣成立 9月 室戸台風（死者約三、〇〇〇人） 12月 ワシントン海軍条約単独廃棄通告	4月 美濃部達吉、天皇機関説で告発 5月 第十六回メーデー、戦前最後のメーデー（参加者六、二〇〇人） 9月 芥川賞、直木賞設定 11月 日本ペンクラブ結成 12月 初の年賀郵便切手発行	1月 ロンドン軍縮会議脱退を声明 2月 二・二六事件 3月 広田弘毅内閣成立 4月 国号を大日本帝国に統一する 8月 ベルリンオリンピック 11月 日独防共協定が締結される
○大島三原山に実践女学校の生徒が投身自殺、三原山への投身が流行する ○小林多喜二、拷問により死亡 ○ヨーヨーブーム、女性のロングスカート ○『東京音頭』が爆発的に流行 ○馬術ブーム	○学生のカフェ出入禁止 ○ベーブ・ルースら米大リーグ選抜野球チームが来日 ○プロ野球として大日本東京野球クラブ（巨人）が誕生	○喫茶店激増 ○関東地方に台風、利根川氾濫 ○石川達三が『蒼氓』で第一回芥川賞 ○映画『忠治売り出す』『妻よバラのように』	○ベルリンオリンピック、平泳前畑秀子出場し金メダル ○女性マフラー、男児セーラー服流行 ○阿部定事件 ○アルマイト製弁当箱流行 ○歌『東京ラプソディー』『椰子の実』

	年表	世相（芸能・スポーツ他）	あなたの年表
1937（昭和12）年	2月 陸軍大将林銑十郎内閣成立 文化勲章制定 6月 公爵近衛文麿内閣成立 7月 蘆溝橋事件（日中戦争の発端） 11月 日独伊防共協定成立 12月 日本軍南京占領（大虐殺事件）	○名古屋城の金鯱のウロコ五八枚盗まれる ○政府は「我々は何をすべきか」を全国に配布 ○出征兵に贈る千人針、慰問袋流行 ○歌『青い背広で』『人生の並木道』 ○ラジオ放送『清水次郎長伝』人気呼ぶ	
1938（昭和13）年	4月 国家総動員法が公布される 5月 日本軍は徐州を占領する 7月 張鼓峰で日ソ軍が衝突する 9月 零式戦闘機の試作機が完成する 10月 日本軍、武漢三鎮を占領する 11月 近衛首相「東亜新秩序建設」声明	○軍需品優先、代用品時代はじまる ○書物の発禁や団体解散多くなる ○東京中心に気象台始まって以来の豪雨 ○本『天の夕顔』中河与一『麦と兵隊』火野葦平『結婚の生態』石川達三 ○歌『旅の夜風』『支那の夜』『海ゆかば』	
1939（昭和14）年	1月 平沼騏一郎内閣成立 2月 日本軍海南島を占領 5月 ノモンハン事件（日ソ衝突） 8月 陸軍大将阿部信行内閣成立 9月 第二次世界大戦勃発 10月 物価統制令を実施	○隣組の強化、回覧板など配布 ○国民服、カーキ色、五つボタン ○白米禁止令の実施 ○長者番付の一位にくず鉄業者 ○双葉山が六九連勝でストップする ○流行語「日の丸弁当」「ヤミ」「禁制品」	
1940（昭和15）年	1月 海軍大将米内光政内閣成立 3月 「アルミ貨十銭」鋳造決定 6月 砂糖、マッチなど切符制となる 7月 第二次近衛文麿内閣成立 9月 日独伊三国同盟締結（ベルリン） 11月 紀元二六〇〇年式典挙行	○東京の食堂は米食を全廃し、「ぜいたくは敵だ！」の看板一、五〇〇本を配置 ○大本営は南進政策を決める ○映画『支那の夜』『駅馬車』 ○歌『暁に祈る』『隣組』『湖畔の宿』 ○流行語「バスに乗りおくれるな」	

1941（昭和16）年	1942（昭和17）年	1943（昭和18）年	1944（昭和19）年
3月 治安維持法改正 4月 日ソ中立条約成立 7月 第三次近衛文麿内閣成立 8月 米、対日石油輸出全面停止 10月 陸軍大将東条英機内閣成立 12月 太平洋戦争	1月 日本軍ビルマ占領 2月 日本軍シンガポール占領 3月 日本軍ジャワ島占領 4月 米軍日本本土を初空襲 8月 米軍、ガダルカナル島に上陸 12月 大本営、ガダルカナル撤退を決定	2月 日本軍ガダルカナルにて敗退 4月 連合艦隊司令長官山本五十六戦死 5月 アッツ島日本守備隊全滅 9月 上野動物園で猛獣薬殺 10月 学徒出陣壮行会 東京府を廃して都制を敷く	3月 決戦非常措置（銀行、雑誌等統制） 日本軍インドに侵入 6月 連合軍、北仏ノルマンディに上陸 7月 サイパン島日本軍守備隊玉砕 陸軍大将小磯国昭内閣成立 11月 米軍、東京空襲激化
○小学校が国民学校と改称される ○タバコの一人一個売りが厳守される ○ゾルゲ事件（国際スパイ事件） ○アメリカ映画上映禁止に入る ○風俗壊乱で文芸作品が大量に発禁となる	○みそ、醤油の切符制配給 ○女学校の英語が随意科目となる ○金属回収令、強制供出が開始 ○同人雑誌、大部分終刊となる ○歌『南から南から』『南の花嫁さん』 ○流行語「欲しがりません勝つまでは」	○「撃ちてし止まむ」の決戦標語ポスターが五万枚配布される ○二十五歳未満の未婚女子を挺身隊として勤労動員させる ○徴兵適齢を一年引き下げ十九歳とする ○流行語「買い出し」「灯火管制」	○家庭用の砂糖が配給停止になる ○各地で竹槍訓練が始まる ○学童疎開の第一陣が群馬県の妙義山麓などに移る ○満十七歳以上を兵役に編入させる ○流行語「鬼畜米英」「一億玉砕」

	年表	世相（芸能・スポーツ他）	あなたの年表
1945（昭和20）年	2月 ヤルタ会談 3月 東京大空襲 4月 海軍大将鈴木貫太郎内閣成立 5月 ドイツ、連合国に無条件降伏 8月 広島・長崎に原子爆弾投下 日本、ポツダム宣言受諾 ソ連、日本に宣戦布告 終戦の大詔出る 皇族東条久邇稔彦王内閣成立 9月 日本降伏文書に調印 10月 幣原貴重郎内閣成立 マッカーサー五大改革 12月 農地調整法改正公布	○油の不足で、農商省に松根油課を新設する ○京都駅に女性の助役が出現し、一〇〇人の出札係もすべて女性 ○B29爆撃で九二都市が焦土化 ○無条件降伏、進駐軍続々上陸 ○GHQ、新聞・雑誌・映画・通信・その他の一切の制度撤廃を指令 ○国民、ヤミ市で飢えをしのぐ ○映画『勝利の日まで』『続姿三四郎』 ○歌『同期の桜』『リンゴの歌』 ○流行語「ピカドン」「一億総ざんげ」「復員」「マッカーサーの命令により」	
1946（昭和21）年	1月 天皇人間宣言 GHQ、軍国主義者公職追放 2月 新円切換（封鎖預金） 5月 吉田茂内閣成立 11月 新憲法公布 12月 新教育体制決定	○発疹チフスが流行したためDDTの強制散布 ○カストリ焼酎が出まわる ○歌『東京の花売娘』『啼くな小鳩よ』 ○第一回国民体育大会が京阪神で開催される	
1947（昭和22）年	1月 マッカーサー、ゼネスト中止命令 4月 第一回参議院議員選挙 5月 日本国憲法施行 6月 片山哲内閣成立 9月 キャスリーン台風	○紙の事情が悪く、雑誌休刊続出 ○NHKラジオ人気番組『鐘の鳴る丘』『二十四の扉』 ○古橋広之進四〇〇メートル・八〇〇メートル自由形で世界新記録 ○歌『港が見える丘』『山小屋の灯』	

1948（昭和23）年	1949（昭和24）年	1950（昭和25）年	1951（昭和26）年
1月　帝銀事件 3月　芦田均内閣成立 4月　ソ連、ベルリン封鎖開始 7月　国民の祝日決定 10月　第二次吉田茂内閣成立 11月　東京裁判判決	2月　第三次吉田内閣成立 4月　単一為替レート決定 7月　下山事件 　　　三鷹事件 8月　松川事件 11月　湯川英樹ノーベル物理学賞受賞	1月　満年齢制を実施 6月　朝鮮戦争勃発 7月　金閣寺炎上 9月　公務員のレッドパージ方針決定 　　　ジェーン台風、関西を襲う 12月　朝鮮特需景気	4月　マッカーサー元帥解任される 　　　桜木町事件（死亡者一〇六人） 5月　児童憲章制定 9月　初の民間ラジオ放送 　　　対日講和条約調印 10月　社会党、講和条約をめぐり分裂
○関西汽船の女王丸が岡山沖で沈没 ○太宰治が玉川上水に入水自殺 ○福井地震（死者三、八〇〇人） ○古橋広之進六つの世界新と一七の日本新記録 ○歌『東京ブギウギ』『青い山脈』	○電球・万年筆・歯みがき・クリームなど一一一種の㊜が廃止され自由販売となる ○年賀郵便が復活する ○プロ野球がセ・パ両リーグに分裂する ○流行語「アジャパー」「駅弁大学」	○後楽園のナイターが始まる ○パンの完全給食が八大都市の小学校で実施 ○『チャタレー夫人の恋人』が発禁、押収、起訴される ○歌『東京キッド』『白い花の咲く頃』	○ルース台風（死者不明者一、二〇〇人） ○ＮＨＫ第一回「紅白歌合戦」放送 ○田中茂樹がボストンマラソンで優勝する ○映画『麦秋』『偽れる盛装』『自由学校』

	年表	世相（芸能・スポーツ他）	あなたの年表
1952（昭和27）年	1月 白鳥事件（白鳥警部射殺事件） 4月 対日講和条約発効 5月 血のメーデー事件 7月 住民登録実施 ヘルシンキオリンピック 10月 第四次吉田茂内閣成立	○NHKの『君の名は』の放送中、女湯が空になるといわれた ○空飛ぶ円盤、人工降雨が話題になる ○白井義男がフライ級チャンピオンとなる ○映画『風と共に去りぬ』『殺人狂時代』 ○歌『リンゴ追分』	
1953（昭和28）年	2月 NHK、テレビ放送開始 吉田首相「バカヤロー」暴言 5月 第五次吉田茂内閣成立 6月 北九州に豪雨、関門トンネル浸水 8月 民間テレビ放送開始 12月 奄美群島返還される	○不況、企業倒産続出、失業者続出 ○伊藤絹子、ミス・ユニバースの三位 ○米式のスーパーマーケット紀ノ国屋が東京青山に出現 ○映画『君の名は』『東京物語』 ○プロレス協会が設立	
1954（昭和29）年	1月 二重橋事件 3月 第五福竜丸事件（水爆実験被災） 6月 国会乱闘事件 7月 防衛庁、自衛隊発足 9月 洞爺丸事件 12月 鳩山一郎内閣成立	○力道山、マリリン・モンロー話題になる ○相模湖で遊覧船が沈没 ○トリック映画・怪獣ものブーム ○世界レスリング選手権大会で笹原正三が優勝する ○歌『黒百合の歌』『お富さん』	
1955（昭和30）年	3月 第二次鳩山一郎内閣成立 6月 初のアルミ貨一円発行 8月 第一回原水爆禁止世界大会 森永ドライミルク事件（ヒ素混入） 9月 日本ガット正式加入 11月 第三次鳩山一郎内閣成立	○テレビ・洗濯機など家庭電化時代始まる ○古川勝が二〇〇メートル平泳で世界新をだす ○映画『紅孔雀』『エデンの東』『慕情』 ○歌『りんどう峠』『田舎のバス』	

1956（昭和31）年	1957（昭和32）年	1958（昭和33）年	1959（昭和34）年
5月 日ソ漁業条約調印 10月 第二次中東戦争 ハンガリー事件 11月 メルボルンオリンピック 12月 日本国連加盟可決 石橋湛山内閣成立	1月 「宗谷」の隊員がオングル島に上陸し、昭和基地を開設する 2月 岸信介内閣成立 7月 諫早水害 10月 ソ連、人工衛星スプートニク一号打ち上げ成功	3月 世界初の海底国道「関門国道トンネル」開通 4月 日本・インドネシア国交回復 6月 第二次岸信介内閣成立 8月 全日空機が下田沖で墜落 10月 安保改定交渉開始	1月 メートル法施行 4月 皇太子、正田美智子さん結婚式 5月 オリンピック東京大会決定 9月 ソ連のロケットが月に到着する 伊勢湾台風（死者五、〇四一人） 12月 三池争議が始まる
○神武景気 ○水俣湾に奇病発生 ○太陽族、ロックンロールがブーム ○猪谷千春が冬季オリンピックで銀メダル ○テレビ『名犬リンチンチン』 ○本『太陽の季節』石原慎太郎	○美空ひばりが塩酸をかけられヤケド ○五千円札が新登場 ○天城山心中 ○石本隆が一〇〇メートルバタフライで世界新記録をだす ○歌『俺は待ってるぜ』『バナナボード』	○皇太子妃に正田美智子さん内定、ミッチーブームおこる ○フラフープが大流行 ○第三回アジア競技大会が東京で開かれる ○テレビ『月光仮面』『事件記者』	○昭和基地に樺太犬二匹が生存していることがわかり、明るい話題となる ○自家用車の普及はじまる ○水泳で山中毅、田中聡子が世界新記録をだす ○歌『黒い花びら』『南国土佐を後にして』

	1960（昭和35）年	1961（昭和36）年	1962（昭和37）年	1963（昭和38）年
年表	1月　日米新安保条約調印 6月　安保阻止デモ国会突入事件 7月　池田勇人内閣成立 8月　ローマオリンピック 10月　浅沼稲次郎刺殺事件 12月　第二次池田内閣が組閣される	1月　米、ケネディ大統領就任 4月　ソ連、地球一周有人飛行に成功 6月　農業基本法公布 9月　第二室戸台風（死者二〇二人） 11月　国会図書館が一般公開となる 12月　三無事件	2月　東京都人口一千万人を突破 5月　サリドマイド系睡眠薬問題化 　　　三河島列車事故（死者一六〇人） 6月　日本最長の北陸トンネル開通 9月　若戸大橋開通 10月　キューバ危機	3月　吉展ちゃん事件 5月　狭山事件 9月　草加次郎事件 10月　アイバンク始まる 11月　米、ケネディ大統領暗殺 12月　第三次池田勇人内閣成立
世相（芸能・スポーツ他）	○「三種の神器」時代（電気冷蔵庫・マイカー・カラーテレビ） ○インスタントラーメン・インスタントコーヒー発売、ダッコちゃんブーム ○歌『有難や節』『潮来笠』『再会』	○喜劇王、チャップリン来日する ○小児マヒの生ワクチン投与始まる ○ソ連の核実験による放射能雨が問題 ○アベベ毎日マラソン参加 ○歌『東京ドドンパ娘』『じんじろげ』 ○テレビ『夢であいましょう』『若い季節』	○春闘で私鉄の大手一二社が二十四時間ストを決行。自家用車のラッシュ ○堀江謙一、太平洋単独横断 ○本『楡家の人々』北杜夫 ○映画『椿三十郎』『キューポラのある街』 ○歌『いつでも夢を』『王将』『島育ち』	○石田石松（昭和巌窟王）に無罪判決 ○プロレスラーの力道山が刺殺される ○果実酒の自家製造が自由になる ○歌『若い季節』『高校三年生』『長崎の女』 ○映画『アラビアのロレンス』『大脱走』 ○テレビ『花の生涯』『奥さまは魔女』
あなたの年表				

1964（昭和39）年	1965（昭和40）年	1966（昭和41）年	1967（昭和42）年
6月　新潟地震（死者二、〇〇五人） 8月　米軍、ベトナム戦争介入開始 10月　東海道新幹線営業開始 　　　東京オリンピック 11月　佐藤栄作内閣成立 　　　公明党発足	2月　アンプル入りカゼ薬で死者が出る 　　　米軍、北ベトナム爆撃開始 8月　佐藤首相沖縄を訪問 10月　朝永振一郎ノーベル物理学賞受賞 11月　赤字国債発行閣議決定 12月　日韓基本条約成立	1月　早大で授業料値上げ反対スト 2月　全日空機が羽田空港沖に墜落 6月　敬老の日（九月十五日）新設 　　　体育の日（十月十日）新設 8月　中国プロレタリア文化大革命 12月　建国の日（二月十一日）新設	2月　第二次佐藤栄作内閣成立 4月　東京都知事に美濃部亮吉当選 6月　第三次中東戦争勃発 　　　第一次資本自由化決定 7月　ヨーロッパ共同体（ＥＣ）発足 10月　総人口一億人こえる
○ライシャワー米駐日大使が少年に刺される ○中卒者への求人率五倍「金のたまご」 ○オリンピック千円銀貨引き換え ○本『されどわれらが日々』柴田翔 ○歌『柔』『東京五輪音頭』『お座敷小唄』	○エレキギター、エレキバンド大流行 ○ミニスカート流行 ○ベ平連が初のデモ ○テレビのニュースショー続々登場 ○歌『女心の唄』『かえろかな』 ○映画『サウンド・オブ・ミュージック』	○航空機事故続発 ○漫画『オバケのＱ太郎』大人気 ○ザ・ビートルズが来日する ○別府マラソンで寺沢徹が四連勝する ○テレビ『おはなはん』大人気 ○流行語「ルーチョンキ」「ケロヨン」	○公害問題・大学紛争広がる ○昭和元禄（ヒッピー族、フーテン族） ○映画『日本のいちばん長い日』 ○スキーのアルペンで丸山仁也が三種目制覇 ○流行語「星の王子様」

	1968（昭和43）年	1969（昭和44）年	1970（昭和45）年	1971（昭和46）年
年表	2月　成田空港闘争始まる 4月　霞が関ビル完成（高層三六階） 6月　東大安田講堂に機動隊導入 　　　小笠原諸島返還される 8月　チェコ事件 10月　川端康成ノーベル文学賞受賞 　　　メキシコオリンピック	1月　東大安田講堂封鎖を解除、入試中止確定 5月　いざなぎ景気 7月　月面着陸成功（米・アポロ11号） 10月　国際反戦デー　70年安保闘争へ 11月　佐藤・ニクソン会談	1月　第三次佐藤内閣が発足 3月　日本万国博覧会開幕 　　　「よど号」ハイジャック事件 4月　大阪ガス爆発事故 8月　日曜日の歩行者天国 11月　三島由紀夫割腹自殺事件	2月　成田空港反対、激突始まる 5月　誘拐魔大久保事件 6月　沖縄返還協定調印 7月　東亜国内航空機墜落 　　　全日空機に自衛隊機が衝突 10月　中国の国連加盟決定
世相（芸能・スポーツ他）	○三億円事件 ○札幌医大で日本初の心臓移植手術 ○第八回参議院選挙、タレント候補の活躍が目立つ ○映画『黒部の太陽』	○サラリーマン同盟が発足 ○反戦フォーク流行 ○美濃部知事、都の公営ギャンブル廃止 ○本『赤頭巾ちゃん気をつけて』庄司薫 ○映画『男はつらいよ』『橋のない川』 ○金田正一が日本初の四〇〇勝投手となる	○安保自動延長、反対盛り上がりなし ○種痘ワクチン接種で赤ちゃん死亡続出 ○本『冠婚葬祭入門』塩月弥栄子 ○映画『戦争と人間』『イージーライダー』 ○第六回アジア大会に参加し七四種目に優勝 ○歌『知床旅情』	○横綱大鵬が三二回優勝で引退。子供に人気の「巨人大鵬卵焼」が流行する ○大映が事業不振で全員解雇通知 ○本『二十歳の原点』高野悦子 ○映画『ある愛の詩』『夜の訪問者』 ○歌『わたしの城下町』
あなたの年表				

1972（昭和47）年	1973（昭和48）年	1974（昭和49）年	1975（昭和50）年
1月　元日本兵横井庄一発見 2月　札幌・冬季オリンピック開催 　　　連合赤軍浅間山荘事件 5月　沖縄施政権返還（沖縄県発足） 7月　田中角栄内閣成立 8月　ミュンヘンオリンピック 9月　日中国交正常化合意	1月　ベトナム和平協定調印 5月　米、ウォーターゲート事件 6月　魚汚染騒ぎ（マグロ類水銀検出） 8月　金大中事件起こる 10月　第四次中東戦争 　　　江崎玲於奈ノーベル物理学賞受賞	2月　消費者物価暴騰 3月　小野田寛郎元少尉帰還 8月　三菱重工ビル爆破事件 11月　田中首相辞任 12月　三木武夫内閣成立	4月　南ベトナムのサイゴンに共産軍無血入城 8月　興人㈱倒産（史上最大の負債額） 10月　天皇陛下、初の公式記者会見 12月　三億円事件時効
○日本列島改造論と土地ブーム ○川端康成ガス自殺 ○映画『忍ぶ川』『ゴッドファーザー』 ○テレビ『木枯し紋次郎』『太陽にほえろ』 ○流行語「ヘンシーン」「恍惚の人」	○狂乱物価で混乱 ○オイルショックでトイレットペーパー、洗剤など買いだめによる品不足 ○柔道が世界選手権で全階級制覇 ○映画『独裁者』 ○巨人V9の達成	○倒産最高記録（一、〇〇〇件突破） ○田中金脈問題、政局混乱 ○佐藤栄作ノーベル平和賞受賞 ○北の湖が最年少横綱となる ○映画『日本沈没』『砂の器』『エクソシスト』『ダラスの熱い日』	○「わたし作る人」のラーメンCMが女性差別と抗議され放送中止 ○沢松和子が全英テニス複に優勝する ○紅茶キノコブーム ○映画『青春の門』『金環蝕』『ジョーズ』 ○歌『シクラメンのかほり』『北の宿から』

	年表	世相（芸能・スポーツ他）	あなたの年表
1976（昭和51）年	2月 ロッキード事件 6月 新自由クラブ結成（河野洋平） 7月 ロ事件　田中角栄首相逮捕 モントリオールオリンピック 12月 福田赳夫内閣成立	○日本初の五つ子無事に誕生 ○ローティーン自殺、学習塾流行 ○歌『ペッパー警部』 ○流行語「記憶にございません」	
1977（昭和52）年	5月 二〇〇海里時代に入る 6月 和歌山県有田市に集団コレラ発生 9月 日本赤軍、日航機ハイジャック 11月 中東和平交渉 12月 社会党、飛鳥田一雄委員長選出	○毒入りコーラ殺人事件 ○芸能界大麻汚染（井上陽水など） ○王選手が本塁打の世界記録を達成する ○映画『八甲田山』『八つ墓村』『ロッキー』 ○歌『ウォンテッド』『勝手にしやがれ』	
1978（昭和53）年	2月 成田空港で反対派破壊事件 5月 成田空港開港 6月 宮城県沖地震（死者二八人） 8月 日中平和友好条約調印 9月 円高差益還元（電気・ガス料金） 12月 大平正芳内閣成立	○警察官の不祥事続発 ○巨人軍、江川投手と電撃契約、却下 ○カラオケ流行 ○福岡国際マラソンで新鋭の瀬古利彦が優勝する ○映画『スターウォーズ』『未知との遭遇』	
1979（昭和54）年	1月 国公立大学共通一次試験実施 航空機疑惑事件（グラマン社疑獄） 3月 水俣病刑事裁判で有罪 6月 第五回先進国首脳会議（東京） 7月 東名トンネル火災事故 11月 第二次大平正芳内閣成立	○自民党総裁公選をめぐり派閥抗争 ○金融関係への強盗事件続発する ○江川投手トレード巨人入り ○インベーダーゲーム過熱 ○歌『おもいで酒』『関白宣言』 ○流行語「省エネ」「口裂け女」	

1980（昭和55）年	1981（昭和56）年	1982（昭和57）年	1983（昭和58）年
1月　自衛隊スパイ事件 7月　鈴木善幸内閣成立 モスクワオリンピック 8月　バス放火事件（新宿西口） 9月　富士見産婦人科病院不正診療事件 11月　栃木県川治温泉郷ホテル全焼	2月　「北方領土の日」新設 ローマ法王初来日 3月　神戸ポートピア'81開幕 10月　北炭夕張新鉱ガス突出事故 福井謙一ノーベル化学賞受賞 11月　米、スペース・シャトル打ち上げ	2月　ホテル・ニュージャパン火災 日航機墜落事故 6月　東北新幹線開通（大宮・盛岡間） 7月　長崎集中豪雨（死者二五九人） 10月　三越事件 11月　中曽根康弘内閣成立	5月　日本海中部地震（死者一〇四人） 8月　アキノ氏殺害される（フィリピン） 9月　大韓航空機、ソ連領で撃墜される 10月　田中元首相実刑判決　懲役四年 11月　レーガン大統領来日 12月　第二次中曽根内閣成立
○史上最高額の拾い物（銀座で一億円拾う） ○漫才ブーム、ルービックキューブ流行 ○「竹の子族」街頭で踊る ○本『蒼い時』山口百恵 ○映画『影武者』『クレイマークレイマー』 ○歌『雨の慕情』『青い珊瑚礁』	○国際情勢が大きく動く（レーガン大統領・仏の左翼政権誕生） ○本『吉里吉里人』井上ひさし『思い出トランプ』向田邦子 ○映画『泥の河』『エレファントマン』 ○流行語「ハチは一度刺したら死ぬ」	○ガン、死因の一位 ○五百円硬貨新登場 ○本『蒲田行進曲』つかこうへい『積木くずし』穂積隆信 ○歌『待つわ』『蒲田行進曲』 ○流行語「ぶりっ子」「逆噴射」	○戸塚ヨットスクール事件 ○「おしん」ブーム ○免田被告に無罪判決 ○本『気くばりのすすめ』鈴木健二 ○映画『里見八犬伝』 ○歌『矢切の渡し』『お久しぶりね』

	1984（昭和59）年	1985（昭和60）年	1986（昭和61）年	1987（昭和62）年
年表	2月 冒険家 植村直己消息を断つ 3月 グリコ・森永事件 7月 ロサンゼルスオリンピック 10月 インディラ・ガンジー首相暗殺 長崎県西部地震、M6・9（王滝村） 11月 ケーブル火災（世田谷電話局前）	6月 豊田商事事件 永野会長惨殺 8月 日航機事故 群馬県御巣鷹山（死者五二〇人） 米レーガン・ソ連ゴルバチョフ会談 11月 国鉄同時多発ゲリラ事件	1月 米スペースシャトル・チャレンジャー空中爆発 4月 ソ連チェルノブイリ原発事故 9月 社会党委員長選で土井たか子当選 11月 伊豆大島三原山大噴火、一万人の島民脱出する	4月 JR発足 11月 竹下内閣が発足 南ア機墜落、邦人四七人絶望 12月 利根川進ノーベル医学・生理学賞受賞
世相（芸能・スポーツ他）	○エリマキトカゲ・コアラ珍獣流行 ○新札発行 ○ロス疑惑騒動 ○高見山去って小錦 ○本『悪魔の飽食』森村誠一 ○映画『Wの悲劇』『ゴジラ』	○阪神優勝（二十一年ぶり） ○いじめ問題深刻化 ○ロス疑惑法定へ ○本『首都消失』小松左京 ○映画『乱』『お葬式』『おはん』	○英皇太子夫妻来日、ダイアナ妃フィーバー ○上野のパンダ二世誕生 ○テレビ『はね駒』『大黄河』 ○流行語「亭主元気で留守がいい」「知的水準」「プッツン」	○エイズ汚染深刻化 ○昭和天皇腸の手術 ○石原裕次郎死亡 ○本『サラダ日記』俵万智 ○歌 マドンナ、マイケル・ジャクソン大旋風
あなたの年表				

1988（昭和63）年	1989（昭和64・平成元）年	1990（平成２）年	1991（平成３）年
4月 瀬戸大橋が開通 6月 リクルート疑惑事件 7月 海上自衛隊潜水艦衝突 9月 昭和天皇重病 ソウルオリンピック	1月 昭和天皇崩御、皇太子明仁親王即位、新元号「平成」 4月 消費税スタート 6月 天安門「血の日曜日」 ホメイニ師死去 11月 「ベルリンの壁」崩壊 12月 米ソ首脳会談、冷戦終結宣言	3月 バルト三国の独立宣言がそろう 7月 米国ヒューストンでサミット開催 8月 イラク軍がクウェート侵攻 10月 東西ドイツが統一される 11月 大嘗祭 12月 秋山豊寛記者、日本人初の宇宙飛行	1月 湾岸戦争に突入 2月 湾岸戦争開戦から二週間で終結 10月 ミャンマーで自宅軟禁中のアウン・サン・スー・チー女史がノーベル平和賞受賞 12月 ソビエト社会主義共和国連邦崩壊
○アグネス論争（子連れ出勤） ○青函トンネル開業 ○中国修学旅行で列車事故 ○千代の富士が五三連勝 ○テレビ『武田信玄』 ○流行語「カイワレ族」「ハナモク」	○江副リクルート前会長ら逮捕 ○川崎の竹やぶに二億円 ○幼児の誘拐、殺人事件多発 ○美空ひばり死去 ○天然水流行する ○映画『レインマン』 ○流行語「セクハラ」	○景気拡大四三ヶ月、史上二位 ○出生率一・五七と史上最低 ○礼宮さまと川嶋紀子さんご結婚 ○サッカー、ワールドカップで西独優勝 ○女子高生の校門圧死事件（神戸） ○バブル崩壊 ○流行語「３Ｋ」	○長崎県、雲仙・普賢岳で大規模な火砕流発生、死者・行方不明者三七名 ○エイズ、日本で初の死亡者 ○第三回世界陸上選手権で男子マラソン谷口浩美が優勝 ○横綱千代の富士が引退

	1992（平成４）年	1993（平成５）年	1994（平成６）年	1995（平成７）年
年表	1月 ブッシュ米大統領来日 4月 ロサンゼルス暴動 6月 ブラジル・リオデジャネイロで地球サミット開催 7月 バルセロナオリンピック 11月 クリントン氏が米国大統領に	3月 金丸前副総裁逮捕 6月 皇太子殿下、小和田雅子さんとご結婚 ゼネコン汚職発覚 7月 北海道南西沖で大地震 8月 細川連立内閣が発足（自民党長期政権崩壊） コメ大凶作、緊急輸入	4月 細川連立政権八ヶ月で終止符 5月 南アでマンデラ大統領誕生 6月 羽田内閣総辞職 7月 村山、自社さ連立内閣誕生 金日成主席死去	1月 阪神大震災で死者六三〇〇人以上 3月 オウム真理教、地下鉄サリン事件 4月 統一地方選挙で無党派激増。青島東京、横山大阪知事誕生 7月 米・ベトナム国交樹立 9月 沖縄で米兵による少女暴行事件、基地撤去の世論高まる
世相（芸能・スポーツ他）	○ハワイ出身の曙が大関に昇進する ○バルセロナオリンピックで十四歳の岩崎恭子が金メダル ○学校五日制がスタート ○景気の低迷深刻化	○オードリー・ヘップバーン死去 ○江夏豊、元プロ野球投手逮捕 ○新幹線「のぞみ」車内で殺人 ○サッカー、Ｊリーグ開幕 ○恐竜ブーム ○プロ野球にＦＡ制導入 ○流行語「リストラ」	○ケリガン選手襲撃事件 ○「悪魔ちゃん」命名騒動 ○セナ選手激突死 ○松本市の住宅街に有毒ガス、七人死亡 ○向井千秋、日本人女性初の宇宙飛行士 ○映画『シンドラーのリスト』	○円相場80円突破の超円高 ○野茂、米大リーグで新人王 ○ウィンドウズ95日本語版発売 ○映画『きけ、わだつみの声』 ○流行語「がんばろうKOBE」「マインドコントロール」「官官接待」
あなたの年表				

1996（平成８）年	1997（平成９）年	1998（平成10）年
1月 村山内閣総辞職、橋本内閣成立 2月 薬害エイズ問題で菅直人厚相謝罪、東京ＨＩＶ訴訟の和解成立 4月 沖縄の基地返還・縮小、日米合意 6月 住専処理に税金支出 7月 アトランタオリンピック 9月 国連が包括的核実験禁止条約採択 12月 ペルーの日本大使公邸占拠事件	4月 消費税が5％になり、景気減速、株安、円安 5月 野村証券元幹部逮捕、総会屋汚染明るみに 7月 香港、一世紀半ぶりに中国返還 8月 ダイアナ元英皇太子妃、事故死 9月 マザーテレサ死去 11月 山一証券自主廃業決定、拓銀破綻	2月 郵便番号七桁制実施 第十八回冬季五輪が長野で開催 4月 改正外為法実施で金融ビッグバン幕開け 5月 インド、パキスタンが相次いで核実験 7月 和歌山カレー毒物混入事件 小渕恵三内閣発足
○病原性大腸菌Ｏ１５７食中毒蔓延 ○〝寅さん〟こと渥美清死去 ○将棋の羽生善治名人、史上初の七冠 ○若田光一、日本人初のスペースシャトル搭乗運用技術者 ○宮沢賢治、生誕百年ブーム ○映画『Shall we ダンス？』 ○流行語「自分で自分をほめたい」	○神戸連続児童殺傷事件で中3男子逮捕 ○エジプトでテロ、邦人を含む観光客ら死者六二人 ○クローン羊「ドリー」誕生 ○東南アジアで森林火災による煙害拡大 ○土井隆雄、日本人初の宇宙遊泳 ○日本サッカー、W杯出場決定 ○映画『失楽園』『もののけ姫』	○米クリントン大統領不倫もみ消し疑惑 ○アップル社のパソコン・ｉＭａｃが人気に ○日本サッカー、W杯仏大会に出場 ○米大リーグ、マグワイア選手が年間最多記録七〇本塁打 ○流行語「キレる」「だっちゅーの」「ＭＯＦ担」

	年表	世相（芸能・スポーツ他）	あなたの年表
1999（平成11）年	1月「地域振興券」交付 3月 初の脳死判定による移植手術実施 4月 ＮＡＴＯ軍、ユーゴスラビア空爆 7月 全日空機乗っ取り、機長殺害される 8月 国旗・国歌法が成立 9月 茨城県東海村のウラン加工施設で臨海事故	○神奈川県警で不祥事が相次ぐ ○犬型ロボット「アイボ」発売 ○歌『だんご3兄弟』 ○本『五体不満足』 ○映画『スターウォーズ』二〇年ぶりのシリーズ最新作公開 ○流行語「リベンジ」「カリスマ」	
2000（平成12）年	6月 雪印乳業の製品から食中毒汚染が発覚 7月 サミットが沖縄県名護市で開催 二千円札発行 8月 三宅島で火山噴火 9月 シドニーオリンピック 11月 米大統領選の集計混乱、共和党のブッシュ候補が勝利 12月 世田谷一家殺害事件	○大手百貨店のそごうが民事再生法の適用を申請 ○銀行の合併が相次ぐ ○コンピューターウィルス「I LOVE YOU」が蔓延 ○ノーベル化学賞に白川秀樹氏 ○シドニー五輪で柔道の田村亮子が念願の金メダル獲得 ○流行語「ミレニアム」「ジコチュー」「ＩＴ革命」	
2001（平成13）年	2月 実習船「えひめ丸」が米海軍の原子力潜水艦と衝突し沈没 4月 小泉純一郎内閣発足 6月 大阪教育大付属池田小で児童殺傷事件 9月 アメリカ同時多発テロ 国内初のＢＳＥ（狂牛病）確認 12月 皇太子夫妻に第一子誕生、愛子と命名	○省庁再編、一府一二省庁に ○ＫＳＤ汚職事件が政界を震撼 ○しし座流星群の天体ショー ○野依良治氏がノーベル化学賞 ○ユニバーサル・スタジオ・ジャパン、東京ディズニーシーがオープン ○流行語「聖域なき改革」「明日があるさ」「ブロードバンド」	

2002（平成14）年	2003（平成15）年	2004（平成16）年
1月　EUの単一通貨「ユーロ」流通 6月　日韓共催のサッカーワールドカップ 8月　住基ネット稼動 9月　日朝首脳会談 10月　拉致被害者五人が帰国 　　モスクワ劇場立てこもり事件	2月　スペースシャトル・コロンビア号が空中分解 3月　イラク戦争勃発 　　SARS流行 4月　日本郵政公社発足 9月　民主党と自由党が合併 11月　イラクで日本人外交官二名殺害	1月　鳥インフルエンザ発生 4月　イラク日本人人質事件 8月　アテネオリンピック 9月　ロシアで学校占拠事件 10月　新潟県中越地震 11月　新紙幣発行 12月　スマトラ島沖地震
○鈴木宗男議員、辻本清美議員の逮捕など政治と金の問題が続発 ○雪印食品や日本ハムの牛肉偽装工作明るみに ○ノーベル物理学賞に小柴昌俊氏、化学賞に田中耕一氏 ○流行語「タマちゃん」「ベッカム様」	○道路公団民営化で混迷 ○健康増進法の施行で公共施設が全面禁煙に ○阪神タイガースが一八年ぶりに優勝 ○本『バカの壁』養老孟司 ○映画『千と千尋の神隠し』が米アカデミー賞受賞 ○流行語「なんでだろぅ〜」「マニフェスト」「へぇ〜」	○政治家の年金未納問題 ○台風や猛暑など異常気象続く ○韓流ブーム ○日本、アテネ五輪で史上最多の37個のメダル獲得 ○米大リーグでイチロー選手が最多安打記録 ○流行語「チョー気持ちいい」「自己責任」

	2005（平成17）年	2006（平成18）年	2007（平成19）年
年表	2月　中部国際空港セントレア開港 3月　愛知万博開幕 4月　ヨハネ・パウロ2世死去 　　　JR福知山線脱線事故 9月　衆議院議員選挙で自民党圧勝 10月　道路公団民営化 11月　耐震偽装問題発覚	6月　夕張市財政破綻 9月　秋篠宮長男悠仁誕生 　　　第一次安倍内閣発足 12月　改正教育基本法が成立	1月　防衛庁が防衛省に移行 3月　能登地震 5月　国民投票法成立 7月　島根県の石見銀山が世界文化遺産に登録 　　　新潟県中越沖地震 9月　福田内閣発足 10月　郵政民営化で日本郵政グループ発足
世相（芸能・スポーツ他）	○北京で五千人の大規模反日デモ ○ロンドン同時テロ ○セ・パ交流戦開幕 ○アスベスト問題広がる ○「クールビズ」キャンペーン始まる ○競馬菊花賞でディープインパクト三冠 ○プロ野球ロッテが31年ぶり日本一	○ライブドア事件 ○トリノ五輪で荒川静香金メダル ○WBCで日本優勝 ○プロ野球阪神の金本が904試合連続フルイニング出場で世界新記録 ○高校野球決勝で駒大苫小牧の田中将大と早稲田実業の斎藤佑樹が対戦	○食品偽装問題相次ぐ ○第1回東京マラソン開催 ○長崎市長銃撃事件 ○原発事故隠蔽相次ぐ ○年金記録漏れ事件発覚 ○アメリカでサブプライムローン問題発覚 ○プロ野球で中日が53年ぶり日本一
あなたの年表			

年	出来事	その他	
2008（平成20）年	1月 薬害C型肝炎訴訟で原告と国が和解 4月 ガソリンが暫定税率期限切れで一時値下がり 7月 北海道洞爺湖サミット 8月 北京オリンピック 9月 麻生内閣発足	○イージス艦と漁船衝突事件 ○秋葉原通り魔事件 ○日本でも iPhone 発売 ○北京五輪でソフトボール日本代表が金メダル ○リーマン・ブラザーズが経営破たん ○小林誠、南部陽一郎、益川敏英、ノーベル物理学賞受賞 ○下村脩、ノーベル化学賞受賞	
2009（平成21）年	5月 裁判員制度施行 9月 消費者庁発足 政権交代により、鳩山内閣発足 11月 国内初のプルサーマル発電開始 政府による「事業仕分け」スタート	○オバマ氏が黒人で初のアメリカ大統領就任 ○広島マツダスタジアム竣工 ○マイケルジャクソン死去 ○新型インフルエンザが世界的に流行	
2010（平成22）年	4月 宮崎で口蹄疫発生 6月 菅内閣発足 小惑星探査機「はやぶさ」が地球に帰還 高速道路無料化の社会実験開始 9月 尖閣諸島での中国漁船衝突事件	○朝青龍が現役引退 ○殺人事件の時効が廃止に ○ウィキリークスの影響広がる ○鈴木章、根岸英一、ノーベル化学賞受賞	

年	年表	世相（芸能・スポーツ他）	あなたの年表
2011（平成23）年	3月 東日本大震災による甚大な被害 福島第一原発事故 九州新幹線全線開業 6月 小笠原諸島が世界自然遺産に登録 7月 地上デジタルテレビ放送に移行 8月 野田内閣発足	○エジプト、リビアで反政府デモ ○計画停電 ○大相撲八百長問題発覚 ○ユッケ集団食中毒事件 ○サッカー女子Ｗ杯で日本チーム優勝	
2012（平成24）年	5月 金環日食観測 東京スカイツリー開業 7月 ロンドンオリンピック 10月 オスプレイ日本での運用開始 12月 第二次安倍内閣発足	○中国共産党総書記に習近平就任 ○金正恩が朝鮮労働党第一書記に ○山中伸弥、ノーベル医学・生理学賞受賞	
2013（平成25）年	6月 富士山が世界文化遺産に決定 9月 ２０２０年夏季五輪開催地が東京に決定 12月 特定秘密保護法成立 日本人の伝統的な食文化として和食がユネスコ無形文化遺産に登録	○ＰＭ２・５飛散 ○テレビドラマ『半沢直樹』のヒット ○プロ野球東北楽天が初の日本一に ○ディズニー映画『アナと雪の女王』がヒット ○妖怪ウォッチが流行	
2014（平成26）年	2月 東京で大雪 4月 消費税８パーセントに 6月 富岡製糸場が世界文化遺産に登録 9月 御嶽山噴火	○ＳＴＡＰ細胞問題 ○ゴーストライター騒動 ○宮崎駿監督にアカデミー名誉賞 ○赤崎勇、天野浩、中村修二、ノーベル物理学賞受賞	

2017（平成29）年	2016（平成28）年	2015（平成27）年
	1月　軽井沢スキーバス転落事故 3月　北海道新幹線開業 4月　電力の完全自由化 　　　熊本地震発生 5月　オバマ大統領、現職の大統領として初めて被爆地広島を訪問 7月　相模原障がい者施設殺傷事件 8月　天皇が生前退位の意向を表明 　　　リオデジャネイロオリンピック	1月　イスラム国日本人殺害 3月　北陸新幹線（長野〜金沢）開通 7月　明治日本の産業革命遺産が世界文化遺産へ登録 9月　関東・東北豪雨で鬼怒川決壊 　　　安全保障関連法成立 10月　マイナンバー始まる
	○ＳＭＡＰ解散騒動 ○野球賭博問題 ○イチローが日米通算安打数でメジャー通算安打記録を更新 ○選挙権年齢が18歳に引き下げ ○ポケモンＧＯが社会現象に ○大隅良典、ノーベル医学・生理学賞受賞	○東芝不適切会計問題 ○東京五輪エンブレム撤回 ○ラグビーＷ杯で日本３勝 ○ヨーロッパでの難民問題 ○パリ同時テロ ○大村智、ノーベル医学・生理学賞受賞 ○梶田隆章、ノーベル物理学賞受賞

自分史づくりは自己を見つめ直す作業です。
旧知の自分、新たな自分、あのころの自分、これからの自分……。
本書を通じて、読者の皆さんがたくさんの自分を見つけてくださったら幸いです。
もし、分からない点があればいつでもご相談ください。

・電　話　042-620-2615（揺籃社《ようらんしゃ》）
・メール　info@simizukobo.com

自分史のやさしいつくり方
——いつかは出版したい方に贈る自分史製作マニュアル——

2016年11月10日　印刷
2016年11月20日　初版発行

編　集　揺籃社編集部

発　行　揺　籃　社
〒192-0056　東京都八王子市追分町10-4-101 ㈱清水工房内
TEL 042-620-2615　FAX 042-620-2616
印刷・製本／㈱清水工房

ISBN978-4-89708-373-5 C2076　落丁・乱丁本はお取り替えします